KOREAN SHORT STORIES for BEGINNERS

Improve Your Korean Listening and Reading Comprehension Skills

Also available:

Korean Grammar for Beginners (https://geni.us/koreangrammar)

Learn, Listen & Speak Korean (https://geni.us/koreanphrasebook)

Table of Contents

$8 FREE BONUSES

300 USEFUL KOREAN ADJECTIVES and 100 DAYS OF KOREAN WORDS AND EXPRESSIONS E-BOOKS

Inside the 300 Useful Korean Adjectives E-book you will:

- Find a list of 300 commonly used Korean adjectives, each with its English translation.
- Enhance your ability to describe things and express your thoughts and feelings in Korean.
- Improve your vocabulary and understanding of the nuances of the Korean language.

Inside the 100 Days of Korean Words and Expressions E-book you will find:

- A list of useful Korean vocabulary, expressions, and slang terms organized by theme.
- Easy-to-understand English translations for each word and expression.
- A wide range of topics covered, including greetings, travel, food, emotions, and more.

Introduction

Everybody loves stories. I'm sure you do, too. So how would you like to learn Korean with the help of very short stories? It's fun and easy!

Most students who learn Korean as a second language say they are having the most trouble with the following issues:

- Lack of vocabulary
- Difficulty in picking up grammar structures
- Hesitation in speaking Korean because of (1) pronunciation troubles or (2) listening comprehension problems

This collection of 23 short stories will help you solve these challenges. This book has been created for beginners in learning the Korean language.

Learn new vocabulary

The stories in this book are written using the most useful Korean words. After each story, you will find a list of Korean vocabulary used in the story together with its English translation. There is no need to reach for a dictionary each time you encounter words you don't understand, and you will quickly learn new words as you go along.

Easily grasp Korean sentence structures

Written with a good mix of descriptive sentences and simple dialogue, the stories will introduce you to different types of sentence structures. This way, you'll be able to naturally pick up Korean grammar structures as you read the stories.

Practice your listening comprehension

To be able to speak Korean well, you need to expose your ears to a lot of spoken Korean. You can do that by listening to the free audio narrated by professionals and native Korean-speakers. They recorded the audio at a slightly slower speed than Korean people normally speak, but at a pace that still sounds natural. Listen to the spoken words and compare them to the written stories. Read along to the narration. Copy the correct pronunciation and practice the inflections.

With enough practice, you will soon be able to get over your hesitations in speaking Korean.

You can also practice your writing by coming up with your own words to summarize your understanding of the story, and then you can compare it with the summary provided after each story.

Learning Korean as a second language can be a scary task. But with these short stories, you can make it as fun and as easy as possible. Before you know it, you will have already learned hundreds of new Korean words, exposed yourself to a variety of sentence structures, and listened to enough spoken Korean that your pronunciation will improve greatly.

So go ahead. Start reading and have some fun!

Best of luck!

Fluent in Korean Team

PLEASE READ!

The link to download the audio files is available at the end of this book. (Page 117)

The answer key is provided at the end of each quiz.

이야기 1. 아빠의 나라

Story 1. My Dad's Country

내 **이름**은 소피아, 15살 웃음이 너무 많은 **소녀**이다. 나는 친구들과 **쇼핑하기**와 **노래하는 것**을 너무 좋아한다. **아빠**의 이름은 제임스이고, 엄마의 이름은 올리비아이다. 나보다 이 년 일찍 **태어난** 키가 큰 키다리 **오빠** 노아가 있다. 아빠는 **한국**에서 태어나서 **중학교** 때 **미국**으로 건너왔다. 뉴욕에서 엔지니어로 일하는 아빠는 항상 이렇게 말한다.

"나는 **한국 사람**이기도 하고 **미국 사람**이기도 해. 그래서 너희도 마찬가지야. "

사실 작년에 나는 한국에 대해서 알지 못했었다. 나에게 한국은 **궁금**하기도 하고 **신비로운** 나라일 뿐이었다.

My **name** is Sophia, a 15-year-old **girl** who laughs too much. Also, I love **shopping** and **singing** with my friends. My **dad** is James, and my mom is Olivia. I have a tall **older brother**, Noah, born two years earlier than me. My dad **was born** in **Korea** and studied abroad in the **United States** when he was in **middle school**. He works as an engineer in New York and always says, "I am both **Korean** and **American**. So you are too."

Actually, a year ago I didn't know anything about Korea. To me, Korea was just a **curious** and **mysterious** country.

✻ ✻ ✻

Vocabulary:

이름 – name

소녀 – girl

쇼핑하기 – go shopping

노래하는 것 – singing

아빠 – dad

오빠 – older brother

태어난 – was born

한국 – Korea

미국 – United States of America

중학교 – middle school

한국 사람 – Korean

미국 사람 – American

궁금 – curious

신비로운 – mysterious

이야기 요약:

소피아네 가족은 아빠와 엄마, 소피아 그리고 오빠로 구성되어 있다. 그들은 뉴욕에서 살고 있고, 소피아는 한국에 많은 관심을 가지고 있었다.

Summary of the story:

Sophia has her dad, mom, and a brother. They live in New York, and Sophia is very interested in Korea.

Quiz:

1) 소피아의 아버지는 어디에서 태어났나요 ?
   A. 한국　　　　　　　　B. 미국　　　　　　　　C. 일본

1) From what country is Sophia's father?
   A. Korea　　　　　　　　B. America　　　　　　　　C. Japan

2) 소피아가 궁금해 하고 있던 나라는 무엇인가요?
   A. 한국　　　　　　　　B. 미국　　　　　　　　C. 일본

2) Which country was Sophia interested in?
   A. Korea　　　　　　　　B. The United States　　　　　　　　C. Japan

3) 소피아의 오빠는 몇 살인가요?

    A. 16   B. 17   C. 18

3) How old is Sophia's brother?

    A. 16   B. 17   C. 18

❋ ❋ ❋

Answers:

    1) A   2) A   3) B

이야기 2. 조부모님의 나라
Story 2. Grandparents' Country

아침 **일찍** 아빠가 즐겁게 서울에 사시는 **할머니**와 **전화**하셨다.

" 어머니, 곧 얼굴을 뵙게 되어서 기뻐요." 엄마도 **함께** 웃으며 할머니에게 전화로 인사를 나눴다. 아빠가 기쁜 **이유**는 일 년 동안 한국에서 일하게 된 것이다. 우리 **가족**은 함께 서울에서 살게 되었다. 그곳에서 사는 **동안** 얼마나 재미있을지 나도 너무 **기대**가 되었다.

하지만, 엄마는 나에게 이해가 안 되는 말을 계속해서 말했다. 할머니와 할아버지에게는 꼭 **존댓말**을 해야 하는 것과 한국에서는 **어른들**에게는 이름을 부르지 말아야 한다는 것이었다. 솔직히, 왜 그런 **부탁**들이 필요한지 모르겠지만 난 엄마에게 걱정하지 말라고 말했다. " 할머니가 사시는 한국에서 나는 얼마나 즐겁고 행복할 수 있을까? 내가 **케이팝**의 방탄 소년단을 만날 수 있을까? 이것이 요즘 내가 **깊이** 생각하는 일이었다.

In the **early** morning, my dad happily **called** my **grandmother**, who lives in Seoul.

"Mother, I'm so glad to see you soon." With a smile, my mom **also** greeted my grandma on her phone. The **reason** my dad was happy was because he had got a chance to work in Korea for a year, and my **family** was going to live in Seoul soon. I was **looking forward** to how much fun it would be **during** my stay there. **But**, my mom kept saying things that I didn't understand. She said that we should use **respectful words** to my grandparents and shouldn't call the **elders** by their names. Honestly I was not sure why such **requests** were necessary, but I told my mom not to worry. How happy I would be if I were where grandma lives. Would I be able to meet **K-pop's** BTS? That was what I was thinking **deeply** about.

Vocabulary:

일찍 – early	족 – family	어른들 – elders
할머니 – grandmother	동안 – during	부탁 – favor
전화 – call	대 – expectation	케이팝 – K-Pop
함께 – together	하지만 – but	깊이 – deeply
이유 – reason	존댓말 – respectful words	

이야기 요약:

소피아는 한국에서 1년을 살 예정이다. 한국 문화가 궁금하고 어떤 재미있는 일이 일어날지 기대가 가득하다. 그녀의 엄마는 또 다른 생각이 있는 것 같지만 소피아에게 그렇게 중요한 일이 아니다.

Summary of the story:

Sophia was planning to live in Korea for one year. She anticipated what it would be like there and what things might happen. Sophia's mother seemed to have something on her mind, but that didn't really matter for Sophia.

Quiz:

1) 소피아의 가족들은 얼마 동안 한국에서 살 계획인가요?
   A. 일 년   B. 한 달   C. 세 달

1) How long did Sophia's family plan to live in Korea?
   A. One year   B. One month   C. Three months

2) 소피아는 한국에 가서 가장 하고 싶은 것은 무엇인가요?
   A. 쇼핑   B. 학교 가보기   C. 방탄소년단 만나기

2) What would Sophia want to do the most in Korea?
   A. Shopping   B. Go to school   C. Meet BTS

3) 한국에 사는 소피아의 가족은 누구인가요?
   A. 할머니   B. 엄마의 이모   C. 아빠의 삼촌

3) Who is Sophia's family in Korea?
   A. grandma   B. mother's aunt   C. daddy's uncle

Answers:

   1) A   2) C   3) A

이야기 3. 인천국제 공항
Story 3. Incheon International Airport

크리스마스가 다가오는 어느 **겨울**날, 나는 존 에프 케네디 공항에서 오후 **비행기**를 탔다. 열 네 시간 **후**면 꿈꾸던 한국의 인천 국제공항에 **도착**할 것이다. 비행기가 **하늘** 위를 향하여 올라 가고 있을 때, 내 머리 **속에서** 마구마구 떠오르는 것들이 있었다. 내가 늘 좋아하던 것들, **흰색**의 벨벳 모자, 편한 운동화, 그리고 나의 소중한 **수첩** 등등.

"그래도 괜찮아. 서울에서 내가 **원하는 것**을 사는 것도 괜찮을 것 같아." 엄마에게 말했더니 사랑스러운 **눈**으로 나를 바라 보셨다. 나도 엄마에게 환한 웃음으로 답했다.

One **winter** day, close to Christmas, I took an afternoon **flight** from John F. Kennedy Airport. **After** 14 hours, I would **arrive** at the Incheon International Airport in Korea, something I have dreamed of. As the plane went up into the **sky**, many things popped **into** my head, things I've always liked: my **white** velvet hat, my comfortable sneakers, and my precious **notebook**.

"It's okay, though. I think it will be fine to buy **what I want** in Seoul," I told my mom, and she looked at me with loving **eyes**. I answered her with a big smile.

자다 깨다 **반복**했더니 드디어 **도착**했다는 것을 알았다. 하늘 아래의 저녁 노을에 빛나는 **도시**가 보였다. 아빠 말에 의하면, 서울 옆의 **위성도시** 인천이라고 했다. 어쩌면 하늘 위에서 우리가 서울도 볼 수도 있다고 했다. **작은** 박스 모양의 집들이 **땅** 위에 한가득 펼쳐져 있었다. 이제까지 보지 못한 신비스러운 땅이라고 느껴졌다.

공항 로비로 가기 위해 전철을 탔다. 로비에서 아빠의 **친척**들이 나와서 우리를 **환영**해 주었다. 삼촌, 고모, 그리고 사촌들을 만났다. **영상통화**를 통해 만났었지만 이건 **익숙한** 경험은 아니었다. 그래도 이 나라에 나의 친척들이 있어서 감사한 **생각**이 들었다.

After waking up **repeatedly**, I realized that we finally had **arrived**. I could see a **city** shining in the sunset under the sky. According to my father, it was Incheon, a **satellite city** next to Seoul. My dad said we might see Seoul from here in the sky. **Tiny** box-shaped houses were spread all over the **ground**. It felt like a mysterious land that I had never seen before.

I took the train to the airport lobby. Dad's **relatives** were waiting there and **welcomed** us. They were my uncles, aunts, and cousins. I was not familiar with them though we had met by **video calls**. Anyway, I felt grateful to have relatives in this country.

❈ ❈ ❈

Vocabulary:

겨울 – winter	수첩 – pocket notebook	작은 – small
비행기 – flight	원하는 것 – what I want	땅 – land
후 – after	눈 – eyes	친척 – relatives
도착 – arrival	반복 – repeat	환영 – welcoming
하늘 – sky	도시 – city	영상통화 – video call
속에서 – in	위성도시 – satellite city	익숙한 – familiar
흰색 – white color		

이야기 요약:

소피아는 한국으로 가는 비행기를 탔다. 비행기를 타서 새 지역을 향해 여행하는 소녀는 그저 기쁘고, 흥분되어 있다. 인천공항에 도착한 소피아의 가족은 드디어 친척을 만나서 기쁨을 나눈다.

Summary of the story:

Sophia boarded a plane to Korea. The girl traveling by plane to a new place was just delighted and excited. As Sophia's family landed at Incheon Airport, they finally shared the joy of meeting their relatives.

Quiz:

1) 뉴욕에서 한국까지 걸린 시간은 얼마인가요?
   A. 20 시간　　　　　B. 14 시간　　　　　C. 10 시간

1) How long did it take from New York to Korea?
   A. 20 hours　　　　　B. 14 hours　　　　　C. 10 hours

2) 인천은 무슨 도시라고 부르나요?
   A. 위성도시　　　　　B. 광역시　　　　　C. 특별시

2) What type of city is Incheon called?
   A. Satellite city　　　B. Metropolitan city　　　C. Special city

3) 한국에 도착한 소피아의 마음은?
   A. 긴장하고 있다　　　B. 편안하다　　　　C. 흥미가 없다

3) How did Sophia feel when she arrived in Korea?
   A. Nervous　　　　　B. Comfortable　　　　C. Not interested

4) 소피아는 친척들과 만난적이 있나요?
   A. 한국에서 여러 번 만났었다.　　　C. 영상통화로 만났었다.
   B. 미국에서 만났었다.

4) Had Sophia ever met any relatives before?
   A. She had met them several times in Korea.
   B. She had met them in America.
   C. She had met them on a video call.

❊　❊　❊

Answers:

   1) B　　　2) A　　　3) B　　　4) C

이야기 4. 한식: 불고기와 숟가락 그리고 젓가락
Story 4. A Korean Meal: Bulgogi, Chopsticks & Spoon

우리 할머니 집은 창덕궁과 **서울 시내**를 다 볼 수 있는 원서동에 있다. 원서동에는 오래전에 지어진 **한옥**들이 보존된 동네이다. 우리 가족은 이제부터 1년간 이 한옥집에서 살게 될 것이다. 이 집에서 할머니와 할아버지가 **결혼**하시고 50년 **넘게** 살았다.

공항에 나오지 못하신 할머니와 할아버지를 그 집에 가서야 만나게 되었다. 할머니와 할아버지는 우리를 보고 너무 **기뻐하였다.** 그리고 우리를 위해서 음식을 **준비**하셨다. 그 가운데에서 내가 **반한** 한 가지 **음식**이 있다. 불고기는 소고기를 여러 종류의 양념으로 재운 후에 채소와 함께 구워내는 음식이다. 뉴욕에서 아빠가 사 주셔서 먹어 보았지만, 할머니의 불고기와는 비교할 수 없는 맛이다.

My grandma's home was in Wonseo-dong, where we could see Changdeokgung Palace and **downtown** Seoul. In Wonseo-dong, old **hanok** (Korean traditional houses) are preserved. My family would be living in this hanok house for the next year. My grandma and grandpa got **married** here and had lived in this house for **over** 50 years.

I met my grandma and grandpa at the house, as they could not meet us at the airport. Grandma and Grandpa were so **glad** to see us. She **prepared** Korean food for us. Among the dishes, there was one **food** that I **fell in love with**. Bulgogi is made from beef marinated in various seasonings and then grilled with vegetables. I had tried it before when my dad bought it for me at a Korean restaurant in New York, but the taste cannot compare to Grandma's bulgogi.

하지만, 우리가 이곳에 살면서 해야 할 어려운 **도전**이 생겼다. 밥을 먹을 때마다 우리가 **숟가락**과 **젓가락**을 사용해야 한다는 것이다. 젓가락 사용은 정말로 너무 **어렵다.** 놀랍게도 오빠 노아는 하루 만에 젓가락 **사용법**을 끝내 버렸다. 오! 이것은 한국 생활 첫날부터 너무 큰 어려움에 내가 직면한 것이다. 내가 누구인가? 나는 간신히 할아버지께 한국말로 이렇게 말했다.

"할아버지 제발 제가 포크를 사용하도록 해 주세요 플~~리즈."

할아버지가 내게 직접 포크를 가져다주시면서 말씀하셨다. " 1년 동안 배우면 된다. 걱정하지 마라."

However, there was a difficult **challenge** that I faced living here. It was that we should use **spoons** and **chopsticks** whenever we eat. It was so **hard**. Surprisingly, my brother Noah learned **how to use** chopsticks in one day. Oh! This was the trouble I faced on my first day in Korea. I was barely able to say to my grandfather in Korean, "Grandpa, please let me use a fork, please." Grandpa said as he brought me a fork himself, "You have a year to learn. Don't worry."

⚘ ⚘ ⚘

Vocabulary:

서울 시내 – Seoul city	준비 – prepare	숟가락 – spoon
한옥 – hanok	반하다 – fall in love	젓가락 – chopsticks
결혼 – marriage	음식 – food	어렵다 – difficult
넘게 – over	도전 – challenge	사용법 – how to use
기뻐하였다 – glad		

이야기 요약:

할머니 집에 도착한 소피아 가족은 불고기를 먹으며 즐거운 식사를 한다. 소피아는 젓가락 사용이 어려움을 경험한다. 하지만, 할아버지의 따뜻한 마음 때문에 소피아는 다시 즐거운 시간을 가지게 된다.

Summary of the story:

Sophia's family arrived at her grandmother's home and enjoyed a meal with bulgogi. She had a challenging experience using chopsticks. But her grandpa's warm-hearted words made Sophia happy again.

Quiz:

1) 소피아의 할머니의 집은 어디인가요?
    A. 원남동　　　　　　B. 종로　　　　　　C. 원서동

1) Where is Sophia's grandmother's house?
    A. Wonnam-dong　　　B. Jongno　　　　　C. Wonseo-dong

2) 소피아가 가장 좋아하게 된 한식의 이름은 무엇인가요?
    A. 김치　　　　　　　B. 불고기　　　　　C. 잡채

2) What is Sophia's favorite Korean food?
    A. Kimchi　　　　　　B. Bulgogi　　　　　C. Japchae

3) 젓가락 사용을 금방 하게 된 사람은 누구인가요?
    A. 노아　　　　　　　B. 소피아　　　　　C. 노아

3) Who was the first to start using chopsticks?
    A. Noah　　　　　　　B. Sophia　　　　　C. Noah and Sophia

Answers:

　　1) C　　　2) B　　　3) A

Cultural Notes:

* 창덕궁 : 창덕궁은 조선시대 궁궐로 동쪽으로 창경궁과 맞닿아 있다. 원형이 잘 보존되어 있는 중요한 고궁이며 1997년 유네스코가 지정한 세계문화유산으로 등록되었다.

Changdeok Palace is a palace from the Joseon Dynasty, and it faces Changgyeong Palace to the east. It is an important palace with a well-preserved original shape and was registered as a UNESCO World Heritage Site in 1997.

* 원서동 : 창덕궁의 비원의 서쪽이라는 뜻에서 유래한 원서동은 조선 왕실을 돌보던 나인과 중인, 하인들이 모여 살던 동네이다. 궁궐의 담을 따라 길게 형성된 동네로 현재는 한옥과 더불어 한옥을 개조한 카페나 공방, 편집숍들이 모여 있는 종로의 명소 중 하나로 자리 잡고 있다.

Wonseo-dong means west of the secret garden of Changdeok Palace. It is the town where "nain" (female attendants in a palace) and other servants, along with middle class people, used to live. They took care of the Joseon royal family and lived together in this neighborhood. It is a long town formed along the walls of the palace. It is currently one of the hot spots in Jongro, where, along with hanok, there are cafes, workshops, and specialty shops that have been converted from hanok.

이야기 5. 설날
Story 5. Lunar New Year

뉴욕과 비슷한 서울의 겨울은 재미있는 **계절**이다. 그 이유는 바로 겨울에 크리스마스와 **새해**가 있기 때문이다. 좀 놀라운 것은 한국에는 새해가 또 있다는 것이다. **음력** 설날이다. 몇몇 아시아 국가들이 이 **명절**을 보낸다고 아빠가 말해 주었다. 나는 이날은 아이들에게 정말 좋은 날이라고 생각이 들었다. 아이들이 **세배** 하면 어른들이 **세뱃돈**을 주신다. 나는 어른들에게 세배 하고 할머니, 할아버지, 삼촌들과 고모들에게 돈을 받았다. 그냥 절을 했을 뿐인데, 내게 처음 보는 한국 돈이 많이 생겼다. 꼭 **필요한** 물건을 사러 나갈 것이다.

The winter in Seoul, like in New York, is a fun **season**. It's because Christmas and **New Year** are in winter. What is a little surprising is that there is another New Year in Korea. It's **Lunar** New Year's Day. My dad told me that several Asian countries celebrate this **holiday**. I thought it was a perfect day for the kids. When the children **bow** to their elders, the adults give **New Year's money** to them. I bowed and got gifts of money from my grandmother, grandfather, uncles, and aunts. I just bowed and I got a lot of Korean money for the first time. I wanted to go out to buy some **essential** items.

한국의 설날에는 꼭 먹어야 하는 음식이 있다. **떡국**이다. 이것을 먹어야 나이 **한 살**을 더 먹게 된다고 한다. 흰 떡을 **국**에 넣어서 먹는 것인데 내게는 그렇게 맛있는 음식은 아니었다. 하지만, 할아버지가 말씀하시는 떡국에 관한 이야기는 참 재미있었다. 새해의 밝음을 의미해서 흰떡을 사용하고 둥근 떡을 사용한다는 것은 둥근 태양을 상징한다는 것이다. 희망을 생각하면서 그 음식을 먹는 나라의 문화가 참 **지혜롭다**고 생각했다.

Most Koreans eat traditional cuisine on New Year's Day. First, there is **rice cake soup**. It is said that eating this will make you **one year older**. It is eaten by putting white rice cakes into the soup, but for me, it was not that delicious. However, the story that my grandfather told me about rice cake soup was so fascinating; the use of round white rice cakes symbolizes the round sun to signify the arrival of the new year. I thought that a culture that has rice cake soup while thinking about hope was very **wise**.

설날에 다시 우리 친척들이 다 같이 모였다. 할머니와 할아버지를 보기 위해서 왔다. 나는 이날 미국에서의 **추수감사절**과 같은 명절의 **분위기**를 느꼈다. 우리는 만나서 이야기하고 **특별한** 음식을 먹었다. 눈이 많이 내리는 추운 겨울, 나는 그들의 **대화**가 사랑으로 채워지는 것을 **느꼈다.**

My relatives came over again to see grandma and grandpa on New Year's Day. I felt the **atmosphere** of a holiday like **Thanksgiving** in the United States. We chatted again and ate this special food. On a cold, snowy winter day, I **felt** their **conversations** filled with love.

Vocabulary:

계절 – season
새해 – New Year
음력 – Lunar calendar
명절 – holiday
세배 – bows (to elders)
세뱃돈 – money gifts
필요한 – necessary
떡국 – rice cake soup
한 살 – one year older
국 – soup
지혜롭다 – wise
분위기 – atmosphere
추수감사절 – Thanksgiving
대화 – conversation
특별한 – special
느꼈다 – felt

이야기 요약:

음력 설날의 소피아는 특별한 한국문화를 경험하게 되었다. 친척들이 함께 모여 이야기를 나누고 설날에만 먹는 떡국을 먹었다. 그리고 세배하면 세뱃돈을 받는 독특한 경험을 하게 되었다. 그래서 소피아는 전통적 한국문화를 처음으로 체험하게 되었다.

Summary of the story:

On Lunar New Year's day, Sophia experienced a unique Korean cultural practice. Her relatives got together to talk and eat rice cake soup, which is only consumed on New Year's Day. In addition, she had a fantastic experience receiving the New Year's cash when bowing to her elders. Thus, she experienced traditional culture for the first time.

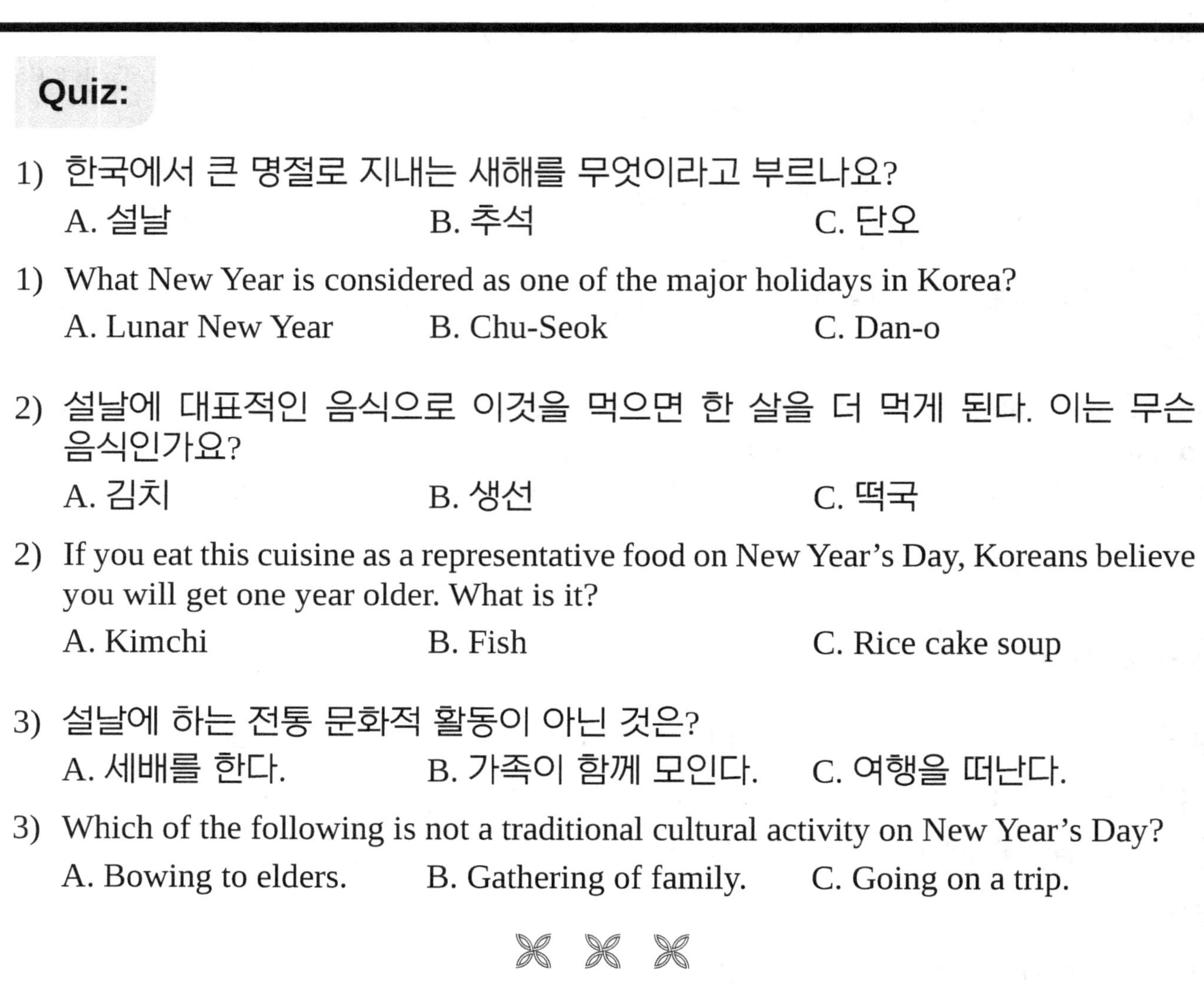

Quiz:

1) 한국에서 큰 명절로 지내는 새해를 무엇이라고 부르나요?
   A. 설날   B. 추석   C. 단오

1) What New Year is considered as one of the major holidays in Korea?
   A. Lunar New Year   B. Chu-Seok   C. Dan-o

2) 설날에 대표적인 음식으로 이것을 먹으면 한 살을 더 먹게 된다. 이는 무슨 음식인가요?
   A. 김치   B. 생선   C. 떡국

2) If you eat this cuisine as a representative food on New Year's Day, Koreans believe you will get one year older. What is it?
   A. Kimchi   B. Fish   C. Rice cake soup

3) 설날에 하는 전통 문화적 활동이 아닌 것은?
   A. 세배를 한다.   B. 가족이 함께 모인다.   C. 여행을 떠난다.

3) Which of the following is not a traditional cultural activity on New Year's Day?
   A. Bowing to elders.   B. Gathering of family. C. Going on a trip.

Answers:

   1) A   2) C   3) C

이야기 6. 나는 서울에서 새 학기를 시작했다
Story 6. I Start My New Semester in Seoul

3월이 되었다. 많은 **개나리**꽃들이 동네 안에 **조금씩** 피어나고 있었다. 나는 **노란** 꽃들이 **가득한** 길을 걷는 것이 이제 하나의 **환상적인** 일상이 되었다. 한옥집이 많은 나의 동네의 **풍경**은 아주 특별한 도시에 온 듯하다. 특히, 내가 좋아하는 한 카페가 있는데, **지붕**은 기와로 되어 있지만, 안으로 들어 가면 **현대적인** 감각의 인테리어가 정말 매력적인 곳이었다.

It was March. Many **forsythia** flowers were **gradually** blooming in the neighborhood. Walking on a road **full** of **yellow** flowers had become a **fantastic** daily routine for me. The **scene** of my community, where there were many hanok, seems to have become an extraordinary city. There was a cafe that I liked. Although the **roof** was made of tiles in the traditional style, when you went inside, it had a **modern** interior that was very attractive.

원서동과는 그리 멀지 않은 OO여자 중학교 1학년으로 나는 일년 간 다니기로 했다. 여자 아이들만 있는 **학교**로 **교복**도 입어야 했었다. 바람이 몹시 부는 추운 **날씨**에 학교에 처음 갔었지만, 학교 안의 분위기는 나를 따뜻하게 환영해 주고 있었다. 더 놀라운 것은 한국 아이들은 어떻게 영어를 그렇게 잘 할 수 있는지였다. 모두가 다 그런 것은 아니지만 몇 명의 **아이들**은 **마치** 미국에 사는 아이들처럼 잘했다.

I was going to attend 00 Girls' Middle School, not far from Wonseo-dong, as a freshman for a year. It was an all-girls **school**, so **uniforms** had to be worn. I went to school for the first time in very windy, cold weather, but the atmosphere inside the school gave me a warm welcome. Even more surprising was how Korean children could speak English so well. Of course, not all were like that, but some **children** spoke just **like** the children in America.

소연이라는 영어 잘하는 아이가 와서 나에게 인사를 했다. 내가 **천천히** 한국어로 인사를 하니 그 아이는 나에게 한국말을 너무 잘한다고 칭찬하며 영어로 **대답**해 주었다. 친절하고 예쁜 소녀였다. 그녀는 힘든 일이 있으면 **무조건** 자기가 돕겠다고 말했다. 너무 친절한 소녀이다. 나의 **한국생활**은 아직 어려운 점이 하나도 나타나지 않았다. 나의 학교생활도 재미있고 흥미롭기만 하였다. 다른 아이들도 나에게 부끄럽게 또는 소리를 치며 다가와 인사를 해 주었다. 드디어 나에게 한국 **친구**들이 생겼다.

A girl named Soyeon, who spoke English well, came and greeted me. When I said hello **slowly** in Korean, she praised me for speaking Korean very well and **answered** in English. She was a kind and pretty girl. She volunteered to help me **no matter what** if I had any problems. She was such a kind girl. So far, I hadn't experienced any difficulties in my **stay in Korea**. My school life was also fun and exciting. Other children came to greet me shyly or shouted to me. Finally, I had Korean **friends**.

Vocabulary:

개나리 – forsythia	지붕 – roof	마치 – like
조금씩 – gradually	현대적인 – modern	천천히 – slowly
노란 – yellow	학교 – school	대답 – answer
가득한 – full	교복 – school uniform	무조건 – no matter what
환상적인 – fantastic	날씨 – weather	한국생활 – stay in Korea
풍경 – scene	아이들 – children	친구 – friend

이야기 요약:

소피아는 집과 멀지 않는 곳에 있는 여자 중학교에 갔다. 그곳에서 만난 친구들이 친절하게 대해주어서 소피아는 기분이 아주 좋다. 영어를 잘하는 친절한 소연이가 소피아의 친구가 되어 주었다.

Summary of the story:

Sophia went to an all-girls' middle school not far from her home. It made her feel very good because she met friends who treated her kindly. Soyeon, who spoke English well, became Sophia's friend.

Quiz:

1) 한국학교는 새 학년을 몇 월부터 시작하나요?
   A. 9월   B. 1월   C. 3월

1) What month do Korean schools start the new semester?
   A. September   B. January   C. March

2) 소피아가 간 중학교에서 만난 친절한 한국친구의 이름은 무엇인가요?
   A. 소연   B. 나연   C. 지연

2) What was the name of the friendly Korean girl who Sophia met in her middle school?
   A. Soyeon   B. Nayeon   C. Jeyeon

3) 소피아가 사는 서울에서 봄을 알리는 꽃의 이름은?
   A. 튜립   B. 개나리   C. 진달래

3) What is the name of the flower that signifies the start of spring in Seoul, where Sofia lives?
   A. Tulip   B. Forsythia   C. Rhododendron

❈ ❈ ❈

Answers:

   1) C   2) A   3) B

이야기 7. 나의 최고의 친구 소연
Story 7. My Best Friend is Soyeon

한국의 봄은 내가 살았던 뉴욕의 봄과 많이 비슷한 것 같았다. 봄은 왔지만 바람도 많이 불고 여전히 **춥다**. 다른 학교의 **생활**이 시작되었다. 무엇보다도 아이들은 학교 이외에도 할 일이 참 많다는 것이다. 주로 학원에 다니는 일이었다. 학교 친구들은 학교 **수업**이 끝나자마자 학원이 보내 주는 차를 타고 학교를 **떠난다.**

Spring in Korea seemed very similar to spring in New York. Although spring had arrived, the wind was still blowing a lot, and it was still **cold**. My **life** in a new school had begun. I saw that my friends had a lot to do outside of school. It was mostly at the supplementary learning academy. As soon as school **classes** were over, my schoolmates **left** the school in the car sent by the academy.

내 친구 소연이도 학교가 끝나면 영어 학원에 매일 간다고 했다. **유치원** 때부터 영어 학원을 다녀었다고 한다. 공부도 잘하고 친구들과 잘 지내는 소연이가 나는 참 좋았다. 더구나 내가 힘든 일이 있을때 해결해 주는 소연이는 나의 **영웅**이다.

소연이와 방탄 소년단 노래에 관해서 이야기를 하곤 한다. 나는 솔직히 방탄 소년단만 알고 있었는데 소연이는 **많은** 한국 가수 이름들을 그녀의 입에서 **쏟아 내고 있었다.**

지난 토요일, 나는 소연이와 함께 종로에 있는 아주 큰 서점에 같이 갔었다. 광화문 옆 그 서점은 책만 **파는 것**이 아니라 아주 다양한 물건들이 가득했었다. 내가 가지고 있는 노트북 커버를 샀다. 특별한 캐릭터로 디자인된 그것은 내가 정말 좋아하는 것이 되었다.

My friend Soyeon also went to an English academy every day after school. She had learned the language at the academy since **kindergarten**. I liked Soyeon, who studied well and got along well with her friends. Moreover, she was my **hero** who helped me out during the difficult

Soyeon and I often talked about BTS songs; to be honest, I only knew about BTS, but she kept pouring out **a lot of** Korean singers' names.

Last Saturday, I went to a massive bookstore in Jong-ro with Soyeon. The giant bookstore, next to Gwang-Hwa-mun, **sold** not only books but a wide variety of items. I bought a cover for my laptop, designed with a unique character. It became one of my favorites.

우리는 서점에 갔다가 종각에서부터 종로 3가까지 걸었다. **주변**의 가게들을 구경하면서 우리는 웃으며 이야기를 나누었다. 내 친구 머리카락은 **갈색**, 나는 노란색이 섞인 빨간색이다. 내 친구 피부는 **평범한** 아시아인의 색깔이고 나는 아빠의 피부색과 엄마의 피부색이 섞인 피부 색깔을 가지고 있었다. 나는 소연이와는 전혀 다른 **문화** 안에서 살아 왔지만, 한국에 와서 친구로 만났었다. 친구라는 말은 무엇일까? 친구는 시간을 같이 나누고 이야기를 나누는 사람들이라고 나는 **생각한다**. 소연이를 이곳에서 만나게 된 것은 내게 정말 행운이었다. 그녀는 친절하게 언제나 서울에 관한 이야기들을 해 주었다. 그 아이가 어떻게 그렇게 영어를 잘하는 지는 미스테리이다. 내가 한국말을 많이 배울 수 있을 수 있을까? 소연이는 나의 **최고**의 친구가 되었다.

We came out of the bookstore and walked from Jong-gak to Jong-ro 3-ga. As we looked around the shops in the **vicinity**, we laughed and chatted. My friend's hair is **brown**, and I have red color mixed with blonde. Also, my friend has **typical** Asian skin color, but my skin color is a mix of my dad's and my mom's. I had lived in a completely different **culture** from Soyeon but when I came to Korea, we became friends. What is a friend? I **think** that friends are the people with whom we share time and talk. I was lucky to meet Soyeon here. She was kind to me and always told me stories about Seoul. What was surprising was how she spoke English fluently. That was a mystery. Could I learn Korean in such an environment? Anyway, Soyeon became my **best** friend.

Vocabulary:

춥다 – cold

영웅 – hero

갈색 – brown

생활 – life

많은 – a lot of

평범한 – typical

수업 – class

쏟아 내고 있다 – pour out

문화 – culture

떠난다 – leave

파는 것 – selling

생각한다 – think

유치원 – kindergarten

주변 – around

최고 – best

이야기 요약:

소피아는 한국에 와서 소연이라는 좋은 친구를 만났다. 그녀는 한국의 궁금한 점들을 알려 주고 학교 소피아의 학교생활을 잘 돕는 멋진 친구이다. 또한 소연이와 서울에서 다양한 경험을 하면서 함께 좋은 시간을 보내고 있다.

Summary of the story:

After coming to Korea, Sophia met a good friend named Soyeon. She was a fantastic friend, who cleared up questions Sophia had about Korea and helped her in her school. And they had a good time together doing various things in Seoul.

Quiz:

1) 소피아가 다니는 학교의 아이들은 수업이 끝나면 아이들은 어디를 주로 가나요?
   A. 집   B. 학원   C. 가게

1) Where did the students in Sophia's school go after class?
   A. Home   B. An academy   C. The shops

2) 지난 토요일에 소피아가 친구와 함께 간 곳은 어디인가요?
   A. 서점   B. 백화점   C. 음식점

2) Where did Sophia go with her friend last Saturday?
   A. A bookstore   B. A department Store   C. A restaurant

3) 소피아가 방문한 서점에서 무엇을 샀나요?

   A. 가방   B. 노트북 커버   C. 책

3) What did Sophia buy at the bookstore that she visited?

   A. A bag   B. A cover for her laptop   C. A book

❈ ❈ ❈

Answers:

   1) B   2) A   3) B

이야기 8. 푸드 트럭에서 먹는 김밥과 떡볶이
Story 8. Eating Kimbap & Tteokbokki at the Food Truck

한국에서 지낸 지 **몇 달**이 지났다. 나와 다른 이 나라의 생활이 재미있기도 하지만 너무 **낯선** 것도 있었다. 그중에서 **음식**은 많은 일들을 말해 주는 것 같았다. 나는 한국 사람들은 음식을 사랑하는 사람들인 것 같다고 느꼈다. 나도 음식을 **사랑한다**. 그러나 뉴욕에서 아빠가 좋아하는 한국 음식에 대해 별로 관심이 없었다. 하지만 이곳에서 나는 이것에 대해서 **관심**이 생겼다.

It was **several months** since I had arrived in Korea. Living in a different country was interesting, but it was also very **unfamiliar** to me. For instance, Korean **food** seemed to say a lot. I felt that Koreans loved their food. I also **loved** it. However, in New York I didn't care about my father's favorite Korean food. But now I was **interested** in it.

이곳의 아이들은 뉴욕의 아이들처럼 피자나 햄버거를 좋아했었다. 간단하고도 특별한 음식의 피자는 그들의 행사에 자주 **등장**하고 있었다. 생일파티에 가면 이 음식들은 꼭 나왔다.

Korean kids like pizza and burgers, just like kids in New York. Pizzas, both simple and unique, often **appeared** at their events. For example, if you went to a birthday party, you could always see them.

한국의 대표적인 **간식**으로는 떡볶이와 김밥이라고 말할 수 있다. 이 음식은 어린아이들부터 어른까지 너무도 좋아하는 간식이며 **주식**이기도 했다.

내가 살던 뉴욕의 거리에 있던 푸드트럭과 달랐지만, 서울의 거리에서 볼 수 있는 **다양한** 포장마차가 있었다. **요일마다** 다른 음식을 싣고 오는 차들과 **인기 있는** 곳에 모여 있는 사람들의 모습은 참 재미있었다.

We can say that the representative **snacks** in Korea are tteokbokki and kimbap. These dishes were favorite snacks and main foods for children and adults. They were different from the food trucks on the streets in New York, where I lived, but there were **various** food stalls that you could see on the streets of Seoul. It was exciting to see the truck bringing different food **every day of the week** and the people gathering in **popular places**.

학교가 끝나고 집으로 가기 전에 우리는 꼭 이 길거리에서 파는 **음식점**을 갔어야 했었다. 빨간 떡볶이와 검정 김밥은 우리를 기쁘게 기다리고 있었고, 나는 떡볶이가 너무 매워서 처음에는 물을 계속 마시면서 **눈물**과 **땀**을 함께 흘리고 있었다. 게다가, **고무**줄을 씹는 듯한 그 불편함을 **견디며** 나는 그것을 먹곤 했었다. 친구들과 함께하는 이 시간이 좋았기 때문이었다. 매운맛에 **익숙해진** 내 친구들은 떡볶이를 맛있게 먹었고 **포장마차**의 주인은 우리에게 언제나 **반갑게** 인사하며 다른 **종류**의 음식도 하나씩 더 주곤 했었다. 내가 먹는 모습이 귀엽다고 주인은 **미소** 짓고 내 친구들은 그 주인에게 나에 대한 **설명**을 하는 것 같았었다. **솔직히**, 그 아이들이 하는 말을 모두 나는 알아들을 수가 없었다. 그래도 **따뜻한** 봄날 포장마차 안에서 **재잘거리는** 10대 소녀들과 떡볶이가 뿜어 내는 하얀 매운 연기의 **추억**의 **풍경**은 **오랫동안** 잊기 어려울 것 같다.

Before going home after school, we used to drop by this **food stall** on the street. Red tteokbokki and black kimbap were waiting for us happily. I was in tears and sweating as I continued to drink water at first because tteokbokki was so spicy. And it gave me the impression of chewing rubber bands, which was uncomfortable but I endured and ate it anyway because I loved sharing this moment with my friends. My friends, **accustomed to** the spicy taste, enjoyed the tteokbokki very much. The **food stall** owner always greeted us **warmly** and gave us a different **type** of dish on the house. The owner seemed to **smile** at how cute I was while eating, and my friends seemed to **explain** to her about me. **Honestly**, I couldn't understand everything they were saying. Still, **memories** of these **scenes** of the teenagers **chattering** at the food truck on a **warm** spring day, and the spicy white smoke emitted by boiling tteokbokki, will be difficult to forget **for a long time**.

Vocabulary:

몇 달 – several months
낯선 – unfamiliar

사랑하다 – love
음식 – food

관심 – interests
등장 – appearance

주식 – staple food
간식 – snack

다양한 – various
요일마다 – every day of week

인기있는 – popular
음식점 – restaurant

눈물 – tear
땀 – sweat

고무 – rubber
견디며 – enduring

익숙해진 – familiar
포장마차 – food truck

반갑게 – welcome
종류 – kinds

미소 – smile
설명 – give an explanation (explain)

솔직히 – honestly
따뜻한 – warm

재잘거리는 – chattering
추억 – memories

풍경 – scene
오랫동안 – for a long time

이야기 요약:

소피아는 한국에서 친구들과 함께하는 생활 중에서 음식에 관련된 이야기를 하고 있다. 학교가 끝난 후 달려가 먹었던 간식인 떡볶이와 김밥은 그녀에게 한국에서 경험한 특별한 시간으로 남아 있을 것이다.

Summary of the story:

Sophia is talking about food in her life with her friends during her stay in Korea. She remembers her experience of rushing to the food stall that sold tteokbokki and kimbap after school, which will remain as a special memory for her from Korea.

Quiz:

1) 한국의 아이들이 좋아하는 스넥이 아닌 것은 무엇인가요?
   A. 떡볶이　　　　　　B. 햄버거　　　　　　C. 김치

1) Which is not a snack that Korean children like?
   A. Tteokbokki　　　　B. Hamburger　　　　C. Kimchi

2) 소피아가 친구들과 학교가 끝나고 가는 곳은 어디인가요?
   A. 도서관　　　　　　B. 푸트 트럭　　　　　C. 서점

2) Where did Sophia drop by after school with her friends?
   A. The library　　　　B. A food truck　　　　C. A bookstore

3) 떡볶이의 맛은?
   A. 맵다　　　　　　　B. 짜다　　　　　　　C. 달콤하다

3) What does tteokbokki taste like?
   A. Spicy　　　　　　B. Salty　　　　　　C. Sweet

❧　❧　❧

Answers:

   1) C　　　2) B　　　3) A

이야기 9. 롯데월드 어드벤처에서
Story 9. Lotte World Adventure

4월의 어느 **일요일**, 나는 서울에서 **유명한** 테마파크 롯데월드 어드벤처에 가게 되었다. 샤워한 후에 내가 좋아하는 빨간색 후드 티를 입었다. 그리고 **활동하기** 편한 **청바지**를 함께 입었다. 내 가방 안에는 **물병**과 간식으로 초콜릿 몇 개를 넣었다. 그리고 며칠 전에 샀던 한국의 풍선 **껌**도 함께 넣었다. 한껏 **신이 난** 나를 엄마가 보면서 엄마도 미소를 나에게 보내 준다. 그리고 **용돈**을 많이 주신다.

On a **Sunday** in April, I went to Lotte World Adventure, a **famous** theme park in Seoul. After taking a shower, I put on my favorite red hoodie and blue **jeans** that are comfortable to wear for **activities**. And also put a **water bottle** and some chocolates as snacks into my bag. I also put some Korean **bubble gum** that I bought a few days ago. When my mom saw me so **excited**, she gave me a smile. In addition, she gave me a lot of **pocket money.**

아침 **일찍** 친구들을 만나서 **전철**을 타고 잠실동에서 **내렸다**. 처음 들어간 곳에서 퍼레이드가 시작하고 있었다. 한참 구경하다가 옆에서 하는 **멋진** 공연도 보았다. 삼바 공연팀의 무대는 우리를 오래동안 멈추어 서게 하였다.

I met my friends **early** in the morning, got on the **subway**, and **got off** at Jamsil-dong. The parade was starting from where we first entered. After looking around for a while, I saw an **amazing** performance next door. The stage of the Samba performance team made us stand still for a long time.

나의 발을 다시 멈추게 한 곳은 **회전목마**였다. 많은 멋진 말들이 계속해서 음악과 함께 원을 계속 달리고 있었다. **귀여운** 아기들은 엄마나 아빠와 같이 회전목마를 타고 있거나 또 다른 엄마 아빠는 그 아이들의 **사진**을 찍어 주고 있었다. 나는 **한참**을 구경하다 회전목마는 타지 않고 **옆**에 있는인물 사진을 그려 주는 곳으로 갔다. 나의 얼굴의 특징을 그려 주는 그 앞에 저절로 나는 섰다. 이곳에 온 기념으로 내 모습을 담아 보기로 했다. 내 멋진 캐리커처 **그림**을 가지게 되었다.

The place that made my feet stop again was the **merry-go-round.** So many beautiful horses were running in circles with the music going on and on. **Cute** babies rode the merry-go-round with their mom and dad, or the parents were taking **photos** of their children. After watching **for a while**, I didn't ride the merry-go-round. Instead, I went to a place **next to** it where people were drawing portraits. I stood there and the artist drew a caricature of my face. I kept the picture as a souvenir of coming here; it was a nice caricature **drawing** of myself.

또 다른 아주 **재미있고** 화려한 포토 스팟에서 친구들과 나는 여러 장의 사진을 찍었다. 우리의 기분을 **아찔하게** 만든 놀이기구 자이로드롭과 자이로스윙을 탔다. 자이로드롭은 우리를 **싣고** 70미터까지 높이 올라갔다가 3초 만에 **갑자기** 아래로 뚝 떨어졌다. **심장**이 쿵쾅쿵쾅하는 시간이었다. 하지만 **신기하게도** 우리는 다시 한 번 더 탔다. 친구들과 떨어지는 그 순간 나는 너무 소리를 많이 질러서 집에 왔을 때 목에서 소리가 안 나왔다. 우리는 재미있는 그곳을 다 누비면서 시간을 **보냈다.** 내 친구들은 이곳을 유치원 때부터 왔다고 한다. 친구들은 다음 휴일에는 더 재미있는 **장소**를 함께 갈 수 있다고 말했다. 한국 친구들은 정말 사랑이 나에게 넘치는 **친절한** 아이들이다. 다시 갈 재미있는 곳이 기대된다.

오늘도 특별한 서울에서의 하루를 보냈다. 고맙고 **사랑스러운** 나의 친구들과 함께 한 시간이었다.

My friends and I took several pictures at **fun**, colorful photo spots. Then we rode the Gyro-drop and Gyro-swing rides, which made us feel **dizzy**. The Gyro-drop **carried us up** to seventy meters high and **suddenly** dropped us down in three seconds. It was a **heart-pounding** time. But **strangely,** we rode it once more. When I was falling while riding the Gyro-drop with my friends, I screamed so much that I lost my voice when I returned home. We **spent time** roaming around this fascinating place. My friends said that they had been visiting this place since kindergarten. And they told me that they could take me to more fun

places on the next holiday. My Korean friends were really **kind** kids who were overflowing with love towards me. I was looking forward to going to a fun place with them again.

So, I felt that today was another special day in Seoul. I was grateful to my **lovely** friends for this wonderful time.

Vocabulary:

일요일 – Sunday
유명한 – famous
활동하기 – activity
청바지 – blue jeans
물병 – water bottle
먹다 – eat
껌 – chewing gum
신이 난 – excited
용돈 – pocket money
일찍 – early
전철 – subway
내렸다 – got off
멋진 – amazing
회전목마 – merry-go-round
귀여운 – cute
사진 – photos
한참 – long time
옆 – next
그림 – pictures
재미있다 – interested
아찔하게 – dizzy
싣고 – carried
갑자기 – rapidly
심장 – heart
신기하게도 – strangely
보냈다 – spend
장소 – place
친절한 – kind
사랑스러운 – lovely

이야기 요약:

소피아는 잠실에 있는 롯데월드 어드벤처에 친구들과 함께 재미있는 하루를 보낸다. 독특하고 신기한 놀이공원에서의 시간은 소피아가 특별한 도시 서울에 있다는 것을 실감하게 하는 경험이었다.

Summary of the story:

Sophia had fun with her friends at Lotte World Adventure in Jamsil-dong. Her experience at the unique and mysterious amusement park made her realize that she is in a unique city—Seoul.

Quiz:

1) 소피아가 롯데월드를 가기 위해 탄 차는 무엇인가요?
   A. 전철   B. 버스   C. 택시

1) What kind of transportation did Sophia ride to Lotte World?
   A. Subway   B. Bus   C. Taxi

2) 친구와 함께 놀이공원에서 했던 것은 뭔가요?
   A. 회전목마 타기   B. 아기들 사진찍기   C. 자이로드립 타기

2) What did Sophia do with her friends at the amusement park?
   A. Go on the merry-go-round

   B. Take pictures of babies

   C. Go on the Gyro-drop ride

3) 소피아는 놀이공원에 가는 것을 좋아했나요?
   A. 좋아했다.   B. 싫어했다.   C. 아무 생각이 없었다.

3) Did Sophia like going to the amusement park?
   A. She liked it.   B. She hated it.   C. She had no idea.

✼ ✼ ✼

Answers:

1) A   2) C   3) A

이야기 10. 5월 5일은 어린이날

Story 10. Children's Day is the 5th of May

5월이 **시작되자마자** 나는 하나의 **축제** 같은 날을 보냈다. 5월 5일 어린이날이다. 어린아이들은 이날을 계속 기다려 온다. 이날은 모든 부모님들이 자녀를 위한 선물을 준비한다. 함께 **소풍**을 가거나 아이들에게 선물을 **준다.** 그리고 이날은 휴일이다.

나는 **학교**도 가지 않고 아빠도 **회사**에 가지 않는다. 우리 집 마당의 나무들은 갑자기 **싱그러운** 연두색으로 변했다. 우리 집 근처 덕수궁 근처에 많은 가족들이 놀러 나왔다. 나는 이런 **분위기**가 아주 참 좋다. 행복해하는 아이들 **얼굴**을 보니 더욱 좋다. 할아버지가 말씀해 주셨는데 **어린이날**을 소파 방정환 선생님이 만들었다고 알려 주셨다. 어린이들이 이 세상에 **미래**이고 **희망**이기 때문이라고 했다. 어린이날이 만들어지기 전의 **한국 사회**는 어린이를 **존중**하지 않았다고 한다. 어린이 날은 어린이뿐만 아니라 모든 사람에게 사랑과 존중을 배우게 된 날인 것이다. 어린이날이 있는 한국이 나는 더욱 좋아졌다.

As soon as May began, I had a **festive** day. It was Children's Day on May 5th. Children look forward to this day. On this day, all parents prepare gifts for their children. They take them on a **picnic** together or **give** them other presents. In addition, Children's day is a public holiday.

I did not go to **school**, and my dad did not go to **work**. And the trees in our backyard had suddenly turned a **fresh** yellow-green. Many families had come out to relax near Deoksugung Palace near my house, and I loved this type of **atmosphere**. It was even better to see the happy **faces** of the children. My grandfather told me that Bang Jeong-hwan came up with **Children's Day.** It's because he believed that children are the **future** and **hope** of this world. Before Children's Day was established, people did not **respect** children in **Korean society.** So, people came to learn how to love and respect not just the children but also everyone else through Children's Day. Thus, I began to like Korea more for having Children's Day.

우리 집에서도 할머니 할아버지가 나와 오빠에게 예쁜 티셔츠의 **선물**을 내게 주셨다. 그리고 돈도 주셨다. 이제까지 어린이날 나에게 해 주지 못한 선물이라고 했다. 나의 사랑하는 할머니와 할아버지는 정말 마음이 따뜻하신 분이다.

My grandmother and grandfather gave my brother and I cute T-shirts as **gifts**. And they also gave us pocket money. They said that these gifts are for them not being able to send us presents for the past Children's Days. How warm-hearted my dear grandmother and grandfather are!

며칠 후 삼촌과 고모는 아이들과 함께 할아버지와 할머니를 **방문했다.** 할머니 할아버지를 위해서 우리 모두 유명한 한국 식당에서 맛있는 식사를 함께했다. 삼촌과 고모의 가족들이 할머니 집을 방문한 이유는 5월 8일 어버이날을 위해서였다. 그분들은 할머니 할아버지에게 선물도 드리고 맛있는 식사도 **대접해 주었다.**

A few days later, my uncles' and aunts' families **visited** grandma and grandpa with their children. We all had a delicious meal at a famous Korean restaurant for our grandparents. The reason for our relatives' visit was for Parent's Day on May 8th. And they also gave gifts to our grandparents and **served** delicious meals to them.

5월은 한국에서 가정의 달이라고 **부른다.** 미국에서는 5월에 어머니의 날이 있고 6월에는 아버지의 날이 있다. 미국과 달리 한국은 어버이날에 한꺼번에 어머니와 아버지에게 은혜와 감사를 표현하는 날이다. **특별한** 것은 **자녀들**이 부모님께 빨간 카네이션을 선물하고 어머니와 아버지는 그 **꽃**을 가슴에 온종일 **달고** 다닌다.

In South Korea, May is **called** Family Month. In the United States, there is Mother's Day in May and Father's Day in June. However, in Korea, Parents Day is the day to express grace and gratitude to both mothers and fathers at once. What is **remarkable** is that **children** present red carnations to their parents, and their mothers and fathers **wear** the **flowers** on their chests all day long.

식사를 하고 집으로 가는 길은 교통체증으로 우리는 차에서 오랜 시간을 보내야 했다. 나는 운전하시던 아빠의 뒷모습에서 피곤함을 볼 수 있었다. 오랜 시간이 지나서야 우리는 집에 **도착할 수 있었다.** 엄마와 아빠는 오자마자 침실로 들어갔지만 오빠와 나는 텔레비전에서 나오는 재미있는 어떤 영화 한 편을 **보았다.** 이곳의 5월은 축제를 즐기는 듯한 가족들의 행사 속에서 연둣빛으로 변하는 나뭇잎들이 춤을 추며 **반짝거린다.**

There was a traffic jam on the way home from dinner, and we had to spend a long time in the car. I could see my father was worn out just from looking at his silhouette from behind. Finally after a long time, we managed to **get home**. Mom and Dad went into the bedroom as soon as they arrived, but my brother and I **watched** an exciting movie on TV. May in Korea makes the leaves **sparkle** and dance while turning them into a brilliant green color in the midst of a festival atmosphere of family activities everyone enjoys.

Vocabulary:

시작되자마자 – as soon as	어린이날 – children's Day	특별한 – special
축제 – festival	미래 – future	자녀들 – children
소풍 – picnic	희망 – hope	선물 – present
준다 – give	한국사회 – Korean society	꽃 – flowers
학교 – school	존중 – respect	달고 – put on
회사 – company	선물 – gifts	반짝거린다 – sparkle
싱그러운 – fresh	방문했다 – visit	보았다 – see
분위기 – atmosphere	대접해 주었다 – serve	
얼굴 – face	부른다 – call	

이야기 요약:

5월 안에 있는 어린이날과 어버이날은 소피아가 한국의 가족생활과 문화를 더 많이 배울 수 있도록 한다. 가족이 함께 모이고 사랑과 감사를 표현하는 것을 특별한 5월의 행사를 통해서 경험할 수 있게 되었다.

Summary of the story:

The month of May helped Sophia learn more about Korean family life and culture through Children's Day and Parent's Day. She had the chance to experience family gatherings and expressions of love and gratitude through these special May events.

Quiz:

1) 어린이날은 언제인가요?
   A. 5월 1일　　　　　B. 5월 5일　　　　　C. 5월 8일

1) When is Children's Day?
   A. May 1　　　　　B. May 5　　　　　C. May 8

2) 한국의 어린이 날에 부모는 자녀를 위해 무엇을 하나요?
   A. 선물을 준비한다.　　B. 학교에 같이 간다.　　C. 함께 놀아준다.

2) What do parents do for their children on Children's Day in Korea?
   A. Prepare a gift.

   B. Go to school with their children.

   C. Play with them.

3) 어버이날은 누구에게 감사를 표현하는 날인가요?
   A. 어머니　　　　　B. 아버지　　　　　C. 어머니와 아버지

3) To whom is gratitude expressed on Parents' Day?
   A. Mothers　　　　　B. Fathers　　　　　C. Mothers and Fathers

Answers:
   1) B　　2) A and C　　3) C

이야기 11. 선생님을 위한 카네이션
Story 11. The Carnation for My Teacher

내 **이름**은 노아다. 소피아의 오빠이고, 열 일곱 살 **청소년**이다. 한국에 온지 벌써 오개월이 지났다. 할아버지와 할머니와 함께 사는 **생활**은 너무 좋았다. 할머니는 언제나 내게 맛있는 음식을 주시려고 애를 쓰셨다. 할아버지는 재미있는 한국의 이야기를 들려 주셨다. 이곳에 와서 나는 한국말이 많이 늘었다. 엄마는 나와 함께 **외출**하기를 원했다. 내가 한국말을 잘하기 때문이었다. 소피아는 언제나 친구들과 지내기 바쁜 아이였다. 그리고 아빠는 한국에서 하는 일들 때문에 우리와 같이 있는 시간이 적었다.

나는 뉴욕의 친구들을 보지 못해서 **아쉬웠다**. 하지만 가족들과 특별한 일 년을 보내는 것이 즐거웠다. 구경할 것과 재미있는 일들이 참 많았다.

My **name** is Noah. I'm Sophia's older brother, a 17-year-old **teenager**. It's already been five months since I arrived in Korea. My **life** with grandfather and grandmother has been so great. Grandma always tries her best to buy me delicious food. Grandfather tells me Korean stories. My Korean language skill has improved a lot since I've been here. Mother likes to **go out** with me; it's because I speak Korean so well. Sophia has been a busy girl spending time with her friends. And because of my father's work in Korea, we've had little time to spend together.

I feel **sad** for not being able to see my friends in New York. But it's fun to spend a wonderful year with my family. There are so many things to see and do.

한국의 5월은 가족 **행사**로 엄마가 많이 분주해 보였다. 엄마는 한국의 엄마들이 가장 바쁜 달이라고 말했다. 나는 5월 15일 **스승**의 날을 알게 되었다. 모든 학생들이 선생님의 **은혜**에 감사하는 날이라고 했다. 학생들은 선생님을 위한 카네이션 꽃을 준비한다. 어떤 아이들은 다른 **종류**의 꽃도 준비하기도 했다. 나도 선생님께 드릴 카네이션을 샀다. 엄마와 나는 선생님께 드릴 선물을 사기 위해 쇼핑몰에 함께 갔다.

May in Korea is for family **events**, and mom seemed very busy. Mom said it's the busiest month of the year for Korean moms. I learned about **Teacher's Day** on May 15th. It's a day when all students show their thanks for the **kindness** of their teachers. Students prepare carnation flowers for the teachers. Some children prepare different **kinds** of flowers, too. I bought carnation flowers for my teachers. Mom and I went to the shopping mall to buy gifts for my teachers.

쇼핑몰 안에는 **다양한** 물건들이 보였다. 엄마와 함께 이곳 저곳을 다니며 구경했다. 쇼핑몰을 구경하니 즐거웠다. 상점마다 아기자기한 물건이 가득했다. 우리 엄마도 상점을 구경하기에 바빴다. 여러 시간을 구경하다가 마음에 드는 물건을 우리는 발견하였다. 여자 선생님과 남자 선생님께 드릴 선물을 샀다. 쇼핑몰 아래층으로 내려오니 여러가지 음식을 **파는 곳**이 있었다. 오랜 시간을 걷다 보니 배가 많이 **고팠다.** 엄마와 나는 음식을 **골랐다.** 나는 돈가스를 엄마는 햄버거를 먹었다. 엄마가 좋아하는 햄버거를 먹으니 좋아 하셨다.

There were **various** things at the shopping mall. I went from one place to another and looked around with Mom. It was fun to browse around the shopping mall. Every store was filled with cute things. My mom was also busy looking around the stores. After spending several hours looking around, we found something that we liked. We bought gifts for both male and female teachers. When we went down to the lower floor of the shopping mall, there were various places **selling** food. Walking for a long time had made me very hungry. Mom and I **picked** our food. I ate Donkatsu while Mom ate a hamburger. Mom enjoyed eating her favorite hamburger.

엄마는 선생님들께 카네이션을 드리는 한국의 문화는 참 아름답지 않으냐고 나에게 말씀하셨다. 나는 그저 고객을 **끄덕였다.** 나는 맛있는 돈가스를 먹기에 바빴다. 배도 많이 고팠고 맛도 너무 좋았다.

여러 스승의 날 행사 중에서도 아직도 기억이 남는 일이 있다. **수업**이 **시작**되었을 때, 아이들은 선생님께 특별한 **노래** 한 곡을 불러 주었다. 나도 그 리듬을 따라서 흥얼거렸다. 그 노래의 이름은 '스승의 은혜'였다. 반의 모든 아이들은 크게 노래를 불렀다. 선생님은 노래를 들으며 **행복**한 미소를 지었다. 선생님은 우리가 부르는 노래를 함께 부르기도 하셨다. 나는 선생님께 감사하는 날을 만들어 기념하는 한국이 좋았다. 하루 종일 그 노래가 내 입에서 나오고 있었다.

Mom told me how beautiful Korean culture is for giving carnation flowers to the teachers. I just **nodded** my head. I was busy eating my tasty Donkatsu. I was very hungry and it was really delicious.

Among the several events on Teacher's Day, there was one event that still remains in my memory. When the **class started,** the children sang a special **song** for the teachers. I hummed along to the rhythm. The name of the song was "Teacher's Kindness." All the children in the class sang it loudly. The teachers smiled with **happiness** while listening to our song. The teacher even sang along with us. I like Korea for designating a day to show **thanks** to the teachers and **celebrate** them. I was singing the song all day long.

Vocabulary:

이름 – name
청소년 – teenager
생활 – life
외출 – go out
종류 – kind
행사 – event
스승 – teacher
아쉬웠다 – sad
다양한 – various
파는 곳 – sell
고팠다 – hungry
골랐다 – picked
끄덕였다 – nodded
은혜 – kindness
수업 – class
시작 – start
노래 – song
행복 – happiness
기념 – celebrate
감사 – thank

이야기 요약:

이야기 요약: 노아는 한국에서 지내는 생활을 만족하였다. 5월의 스승의 날을 한국에서 경험하였다. 선생님의 감사를 표현하는 날을 위해서 엄마와 함께 준비하고 학교에서 선생님께 감사하는 행사를 하였다.

Summary of the story:

Summary of the story: Noah was satisfied with his life in Korea. He experienced celebrating Teacher's Day n Korea in May. He prepared for expressing his thanks to the teachers with his mom and participated in events at school where he showed his thanks to the teachers.

Quiz:

1) 소피아의 오빠의 이름은 누구인가요?
   A. 노아　　　　　　　　B. 데이비드　　　　　　C. 매튜

1) What's the name of Sophia's older brother?
   A. Noah　　　　　　　　B. David　　　　　　　C. Matthew

2) 노아의 가족은 누구와 함께 살고 있나요?
   A. 삼촌　　　　　　　　B. 할머니　　　　　　　C. 고모

2) With whom does Noah's family live?
   A. His uncle　　　　　　B. His grandmother　　　C. His aunt

3) 스승의 날은 몇 월 몇일인가요?
   A. 5월5일　　　　　　　B. 5월 8일　　　　　　　C. 5월 15일

3) When is Teacher's Day?
   A. May 5th　　　　　　B. May 8th　　　　　　　C. May 15th

4) 노아는 스승의 날에 선생님께 무엇을 드렸나요?
   A. 장미　　　　　　　　B. 카네이션　　　　　　C. 개나리

4) What did Noah give to his teachers on Teacher's Day?
   A. Roses　　　　　　　B. Carnations　　　　　　C. Forsythia

❀　❀　❀

Answers:

1) A　　2) B　　3) C　　4) B

Chapter "Good Will"

Helping others without expectation of anything in return has been proven to lead to increased happiness and satisfaction in life.

We would love to give you the chance to experience that same feeling during your reading or listening experience today…

All it takes is a few moments of your time to answer one simple question:

> **Would you make a difference in the life of someone you've never met—without spending any money or seeking recognition for your good will?**

If so, we have a small request for you.

If you've found value in your reading or listening experience today, we humbly ask that you take a brief moment right now to leave an honest review of this book. It won't cost you anything but 30 seconds of your time—just a few seconds to share your thoughts with others.

Your voice can go a long way in helping someone else find the same inspiration and knowledge that you have.

Scan the QR code below:

OR

Visit the link below:

https://geni.us/KUF0ia

이야기 12. 한강 가족 소풍
Story 12. My Family Picnic: Han River

6월의 어느 **토요일** 오후였다. 우리 가족 모두 한강으로 소풍을 **갔다.** 한강 공원에는 사람들이 정말 많았다. 뉴욕의 큰 공원에 비하면 작은 **공원**이었다. 하지만 아기자기한 공원이었다. 자전거 타는 사람들, 낚시 하는 사람들 그리고 풀밭에 앉아 이야기를 나누는 사람들이 있었다.

It was **Saturday** afternoon in June. My family **went** on a picnic to the Han River. There were a lot of people in Han River Park. Compared to the big parks in New York, it was a small **park**. But it was a charming park. There were people riding bikes and fishing, and people sitting on the grass talking.

여름이 시작되었지만 우리가 놀러 간 그날은 시원 했었다. 우리 가족은 자전거를 탔다. 재미있는 시간이었다. 오랜만에 아버지가 우리와 함께 했다. 그래서 우리는 행복했다. 서울에서의 아버지는 뉴욕보다 더 바빴다. 자전거를 타면서 바라 보는 한강은 아름다웠다. 강을 **따라서** 우리는 달리고 또 달렸다. 자전거 도로가 있어서 편하게 갈 수 있었다. 아빠가 어렸을 때의 한강공원에 대해서 이야기해 주셨다. 너무

멋지게 달라졌다고 이야기 하셨다. 아빠가 말씀하시는 모든 이야기를 알 수 없었다. 하지만 기분 좋게 말씀하시는 아빠를 보니 기뻤다. 소피아는 나 보다 더 빨리 가려고 힘을 썼다. 나는 소피아를 위해서 **속도**를 늦춰 주기도 했다. 소피아가 나를 **앞지르며** 나아가며 환하게 웃었다. 정말로 귀여운 나의 동생이다. 소피아는 한국에서 사는 것을 **나보다** 더 즐기는 것 같다. 나도 이곳에서 사는 것이 나쁘지는 않다.

Summer had begun, but it was cool on the day we went on the picnic. Our family rode bikes. It was fun. It had been a while since my father was with us. So we felt happy. Father was busier in Seoul than when he was in New York. The view of the Han River while riding our bicycles was beautiful. We rode our bicycles over and over **along** the river. The ride was comfortable because of the bicycle path. My father told me stories about Han River Park when he was young. He told me that it had changed so beautifully. I couldn't understand everything he told me. But I was happy as I saw how delightedly he shared his stories. Sophia tried her best to outrun me. I slowed my **speed** for Sophia. She smiled brightly as she **passed** me. She is my cute little sister. It seems like Sophia enjoys living in Korea **more than I** do. Living here isn't so bad for me either.

어떤 사람들은 **돗자리**를 깔거나 작은 텐트를 치고 그 안에서 쉬고 있었다. 그 가운데서 나는 재미있는 광경을 보았다. 그곳에서 사람들은 **배달 음식**을 먹고 있었다. 짜장면, 프라이드 치킨 등을 배달하는 **오토바이**가 그 공원으로 들어 왔다. 지날 때마다 맛있는 냄새들이 **진동했다**. 한국 사람들은 음식을 참 좋아한다. 또한 한국의 음식은 많은 것들을 말하고 있는 것 같다. 즐거운 파티가 있는 곳에는 **푸짐한** 음식이 꼭 있어야 한단다. 이것은 우리 할머니가 이야기해 주신 것이었다.

Some people laid **mats** or put up small tents and rested there. I saw a funny sight among them. People were eating **delivery food** there. **Motorcycles** that deliver jajangmyeon, fried chicken, and so on came into the park. Delicious scents **spread** whenever they passed by. Korean people really like food. Also, Korean food seems to tell us a lot of things. Fun parties must have **plenty of** food. This is what my grandmother told me.

자전거를 타면서 **강가**에서 낚시하는 사람들을 보았다. 나는 아빠에게 이곳에서 낚시를 하고 싶다고 말했다. 아빠는 다음 주에 다시 낚시하러 이곳에 오자고 하셨다. 소피아도 아버지의 말에 기뻐서 손뼉을 쳤다. 그런 우리를 바라 보면서 엄마도 좋아 하셨다. 자전거를 타고 난 후에 우리는 **풀밭**에 앉아서 쉬었다. 시원한 바람이 우리 얼굴을 **감쌌다.** 할머니가 싸 주신 김밥과 음료수를 먹었다. 한국에서 김밥은 참 편리하고도 맛있는 음식이다. 샌드위치와 같이 김밥은 한국 사람들에게는 아주 간편하고 맛있는 음식인 것 같다.

While riding the bicycle, I saw people fishing by the **riverside**. I told my father that I wanted to go fishing here. Father told me we'd come here again next week to go fishing. Sophia clapped her hands for joy after hearing father's words. And seeing us like that, mother was pleased too. After riding our bikes, we sat on the **grass** and rested. The cool wind **enveloped** our faces. We ate kimbob and drank soft drinks packed by grandmother. Kimbob is a convenient yet delicious food in Korea. For Koreans, kimbob is easy to make and delicious, like sandwiches.

나는 주변에 새로 생긴 인공 암벽장을 **발견했다**. 저절로 우리는 그곳을 향해 가고 있었다. 암벽을 타는 것은 자전거보다 힘들었지만 재미있었다. 엄마와 소피아는 힘이 들어서 하다가 **중단**했다. 나와 아빠는 마지막 **목표**까지 **다다랐다.**

I **found** a newly-built artificial rock climbing wall nearby. We naturally headed there. Rock climbing was more difficult than riding a bicycle but it was fun. Mother and Sophia got tired and stopped in the middle. My father and I **reached the goal.**

Vocabulary:

토요일 – saturday	앞지르며 – pass (overtake)	강가 – riverside
갔다 – went	속도 – speed	풀밭 – grass, lawn
공원 – park	나보다 – more than I	감쌌다 – envelope
여름 – summer	돗자리 – mat	발견했다 – found
따라서 – go along	배달음식 – delivery food	중단 – stop
가족 – family	오토바이 – motorcycle	목표 – goal
낚시 – fishing	진동했다 – spread	다다랐다 – reached
운동 – exercise	푸짐한 – plenty of	

이야기 요약:

노아의 가족은 한강으로 소풍을 갔다. 노아는 가족과 함께 자전거를 타고 암벽등반을 하며 즐거운 시간을 보냈다. 한국인들이 어떻게 공원에서 시간을 보내는지도 관찰하기도 하였다. 다음 방문에는 한강에서 낚시를 해 보기로 했다.

Summary of the story:

Noah's family went on a picnic to the Han River. Noah rode a bicycle with his family, did some rock climbing, and spent time having fun. He observed how Koreans spend their time in the park. On his next visit, he plans on fishing in the Han River.

Quiz:

1) 노아가 공원에서 본 사람들은 어떤 음식을 배달해서 먹었나요?
A. 짜장면 B. 빵 C. 라면

1) What kind of delivery food did Noah see people in the park order and eat?
A. Jajangmyeon B. Bread C. Noodles

2) 노아의 가족이 한강에서 무엇을 했나요?
A. 낚시 B. 배달음식 먹기 C. 자전거타기

2) What did Noah's family do at the Han River?
A. Go fishing B. Eat delivery food C. Ride bicycles

3) 다음에 한강을 방문할 때 노아가 하고 싶은 것은 무엇인가요?
A. 자전거타기 B. 배달음식 먹기 C. 낚시

3) What does Noah want to do when he visits the Han River next time?
A. Ride a bicycle B. Eat delivery food C. Go fishing

4) 노아 가족이 자전거를 탄 후에 무엇을 했나요?
A. 자전거타기 B. 암벽등반하기 C. 할머니가 싸 주신 음식 먹기

4) What did Noah's family do first after riding bicycles?
A. Ride bicycles
B. Do rock climbing
C. Eat food packed by grandmother

Answers:

1) A 2) C 3) C 4) C

이야기 13. 북촌 한옥 마을에서의 하루
Story 13. One Day in Bukchon Hanok Village

한국의 7월은 **장마**와 함께 여름이 시작된다. 비가 많이 내렸다. 아침부터 저녁까지 계속 비만 내렸다. 월요일에 비가 왔었는데 화요일 수요일 계속 비가 내렸다. 이런 날씨는 처음이다. 그러나 어느 날 갑자기 햇볕이 좋은 날이 되었다. 나는 할아버지와 엄마와 함께 북촌 한옥마을로 가자고 했다. 학교 친구에게 유명한 곳을 소개해 달랬더니 그곳에 가 보면 좋겠다고 했다. 서울에 사는 사람들 뿐만 아니라 **관광객**들이 좋아하는 장소라고 말했다.

It rains a lot during July in Korea. Summer begins with the **rainy season.** It rains from the morning till evening. One time it started raining on Monday and continued raining until Wednesday. It was my first time experiencing such weather. One day, the weather suddenly cleared. I asked my grandfather and mom to go to Bukchon Hanok Village. I had asked my school friend for a recommendation on a famous tourist spot and he recommended it to me. He said it's the favorite spot not only for people living in Seoul but also for **tourists.**

우리 집에서 조금만 걸어 가면 북촌 한옥마을이 있다. 할아버지는 엄마와 나에게 그 마을에 대해 소개해 주고 싶어 하셨다. 그곳은 서울의 **대표적인** 관광지이다. 골목을 **사이**로 두고 한옥집들이 가득했다.

Bukchon Hanok Village was a short walk from our house. My grandfather wanted to show me and my mom around the village. The village is the **quintessential** tourist spot in Seoul. There are many hanok houses **in between** the alleys.

우리 집도 한옥이지만 북촌마을의 한옥은 조금 더 특별하게 느껴졌다. 할아버지가 설명해 주셨다. 이곳은 왕실과 왕족이 **거주**했던 곳이라고 했다. 이조시대부터 현대까지600년의 **역사**를 자랑하는 **지역**이라고 하셨다. 현대에 들어 오면서 한옥보다 아파트가 많이 세워졌었다. 이러한 이유로 한옥의 **보존**을 위해 북촌 한옥마을이 **탄생**하였다.

그 마을로 들어 가면서 주변을 둘러 보았다. 북악산과 삼청동 그리고 경복궁이 마을 위에서 볼 수 있었다. **전망대**로 향하는 길을 지나 메인 포토 존이 보였다. 어떤 아가씨들은 예쁜 한복을 입었다. 또 어떤 소녀들은 예쁜 **한복**을 입고 사진을 찍고 있었다. 한복을 빌려 주는 곳에서 우리는 각각 한복으로 갈아 입었다. 엄마와 나는 처음으로 입어 보는 옷이었다. 엄마가 한복을 입은 모습은 참 우아했다. 파란색 저고리와 흰색의 치마가 엄마에게 잘 어울렸다. 나는 남자들이 입는 바지 저고리를 입었다. 멋진 색깔과 모양이 특별했다. 비록 **어색했지만** 특별한 기분이 들었다. 우리는 한복을 입고 사진을 찍었다. 그 사진은 현재 우리 집 거실 탁자 위에 기념으로 세워져 있다.

Our house was also a hanok house but the hanok houses in Bukchon village felt a bit more special. My grandfather gave me an explanation. The Bukchon village was where the royal family once **lived**. It's a **village** that proudly represents 600 years of **history** since the Lee Dynasty. As the time passed into the modern times, more apartments were built amongst the hanok houses. That's why Bukchon Hanok Village was **born** in order to **preserve** the hanok houses.

I looked around as I entered the village. I saw Mount Bukak, Samcheong-dong, and Gyeongbokgung Palace above the village. After passing by the road leading to the **observatory**, I could see the main photo zone. Some ladies wore beautiful hanbok. And some girls were taking photos in pretty hanbok. We changed into hanbok after renting them from a store. It was the first time for Mom and I to wear it. Mom looked very gorgeous in hanbok. The blue jeogori and white skirt suited her very well. I wore the male jeogori with pants. The cool color and design were special features. Although I felt **awkward**, I also felt special. We took a photo while wearing hanbok. That photo is now on the table in our living room as a souvenir.

마을 높이 올라 가니 남산타워와 북촌마을이 **공존**했다. 예쁜 풍경이었다.

이곳은 실제 거주민이 살고 있었다. 그래서 표시판에 **침묵** 관광이라고 써 있었다. 또한 궁중음식 연구원도 보았다. 나는 왕실 사람들이 살았던 모습을 **상상**할 수 있었다.

우리는 백인제 가옥이라는 큰 한옥 집에 이르렀다. 일제 강정기 때에 지어진 한옥이었다. 멋지고 대단한 집의 크기에 엄마와 나는 놀랐다. 진짜 대형 한옥이라고 할 만한 집이었다.

나는 **예술품**처럼 보이는 한옥들을 보면서 조상들의 지혜에 감탄했다. 예를 들면 한옥의 기와의 색깔과 모양이 내 마음에 들었다.

As I went up the village, I saw how Namsam Tower **harmonized with** Bukchon village. It was a beautiful sight. There are actual local residents here. So the sign said it's a **silent** tourist spot. Moreover, I saw the Institute of Korean Royal Cuisine. I was able to **imagine** how the royal family lived.

We arrived at a huge hanok house called House of Baek Inje. It was a hanok house built during the Japanese Occupation. Mom and I were surprised by the stylish and grand house. It could be called a large-scale hanok house. I admired the wisdom of my ancestors as I looked at the hanok that looked like **works of art.** For example, I liked the color and shape of the roof tile of the hanok.

다양하고 아기자기한 소품 샵에 들어 갔다. 사야 하는 것은 없었지만 귀여운 소품들이 많았다. 소피아를 위한 파우치를 하나 샀다. 집으로 돌아 오는 길에 할아버지가 **단골**로 가시는 만두집에 들러 늦은 점심을 같이 했다. 왕만두와 만두국을 먹었다.

맑은 날씨 속에서 북촌 마을을 볼 수 있어서 정말 좋았다. 할아버지의 설명은 북촌마을을 이해하는데 도움이 되었다. 엄마와 할아버지와 함께 한 시간이라서 기뻤다. 돌아 와서 소피아에게 소품 샵에서 산 파우치를 주니 마음에 든다고 해서 더욱 기뻤다.

I went into a souvenir shop that had various cute items. There wasn't anything I needed to buy but there were a lot of cute items. I bought a pouch for Sophia. On our way back home, my grandfather led us to his **favorite** dumpling house and we had a late lunch together. We ate king-sized dumplings and dumpling soup.

I was really happy to look around Bukchon Village in clear weather. My grandfather's explanation helped a lot in understanding Bukchon Village. I was delighted that it was time spent together with my mom and my grandfather. And after giving Sophia the pouch I bought at the souvenir shop, I became more happy that she liked it.

Vocabulary:

장마 – rainy season

역사 – history

어색했지만 – awkward

찬란한 – radiant

지역 – village

공존 – harmonized with

관광객 – tourist

보존 – preserve

침묵 – silent

대표적인 – quintessential

탄생 – born

상상 – imagine

사이 – in between

전망대 – observatory

예술품 – work of art

거주 – live

한복 – hanbok

단골 – favorite

이야기 요약:

노아는 친구의 소개로 북촌한옥 마을에 할아버지와 엄마와 함께 방문했다. 할아버지는 북촌 한옥마을에 대한 설명을 해 주시고 노아는 엄마와 한옥마을을 보고 한복도 입고 그리고 사진도 찍었다.

Summary of the story:

Noah visited Bukchon Hanok Village with his grandfather and mother on his friend's recommendation. His grandfather explained about Bukchon Hanok Village and Noah and his mother looked around the village, wore hanbok, and took pictures.

Quiz:

1) 한국의 7월은 무슨 계절인가요?
   A. 겨울   B. 여름   C. 가을

1) What season is July in Korea?
   A. Winter   B. Summer   C. Fall

2) 북촌 한옥마을을 집에서 어떻게 갔나요?
   A. 버스 타고   B. 자전거 타고   C. 걸어서

2) How did they go to Bukchon Hanok Village from their house?
   A. Bus   B. Bicycle   C. Walking

3) 북촌 한옥마을에서 무엇을 했나요?
A. 만두 국 먹기 B. 한복 입기 C. 영화보기

3) What did they do in Bukchon Hanok Village?
A. Eat dumpling soup B. Wear hanbok C. Watch movies

4) 노아가 소피아를 위해서 소품 샵에서 산 것은 무엇인가요?
A. 파우치 B. 접시 C. 연필

4) What did Noah buy at the souvenir shop for Sophia?
A. A pouch B. A dish C. A pencil

Answers:

1) B 2) C 3) B 4) A

Cultural Notes:

1. 한옥 : 한옥은 나무와 흙을 사용하여 지어진 한국의 전통적인 집이다. 한옥의 지붕은 흙을 구워서 만든 기와나 볏짚을 올려서 만들어 진다. 삼국시대부터 조선시대까지 한국의 조상들은 초가집이나 기와집에서 살았다. 농사를 짓는 백성들은 초가집에서, 양반들은 기와집에서 살았다. 이러한 한국의 전통집을 한옥이라고 부른다.

1. Hanok : It's a traditional Korean house made from wood and earth. The roof of a hanok is composed of roof tiles made by baking soil or rice straw. From the Three Kingdoms period to the Chosun Dynasty, Korean ancestors lived in thatched-roof houses or tile-roofed houses. Farmers lived in the thatched-roof houses while the aristocrats lived in tile-roofed houses. These traditional Korean houses are called hanok.

2. 한복

한복은 한국의 전통적인 옷으로 치마, 저고리, 바지, 두루마기가 있다. 1600 년간 이어진 한복의 전통성은 자랑할만하다. 고구려 고분벽화(4-6세기)와

신라, 백제 유물로도 확인할 수 있다. 한복은 귀천에 따라 그 옷의 모양, 색깔, 그리고 무늬가 서로 달랐다. 요즘의 한국 사람들은 잔치, 명절, 특별한 경우 예복으로 한복을 입는다.

2. Hanbok

Hanbok is a traditional Korean clothing that includes skirts, jeogori, pants, and durumagi. Its history, which has continued for 1,600 years, is something to be proud of. It can also be seen in Goguryeo ancient tomb murals (4th-6th century), and relics of the Shinla and Baekjae Dynasties. Hanbok has a variety of shapes, colors, and patterns depending on social rank. Korean people nowadays wear hanbok on special occasions such as celebrations and holidays.

이야기 14. 친구들과 등산하기
Story 14. Hiking with Korean Friends

나는 몇 명의 친구들이 한국 친구들이 있다. **주말**에 가끔 친구들과 함께 한다. 나는 친구들이 가는 곳을 같이 가기도 했다. 예를 들면, 농구 하러 가거나 **영화**를 보러 갔었다.

그 친구들 중에서 두 명의 친구와 더 친해졌다. 진호와 태우이다. 진호는 **활동**적이며 말이 많다. 그래서 태우와 나는 진호의 새로운 **계획**을 따라가곤 했다.

Some of my friends are Korean. Sometimes, I spend time with them on the **weekends**. There have been times when I went to the places my friends go. For example, we played basketball or watched a **movie**. And I became closer with two of them. Their names are Jinho and Taewoo. Jinho is an **active** person who talks a lot. So Taewoo and I would tag along with Jinho's newest **plan**.

어느 금요일, 우리는 수업이 끝나고 집으로 향했다. 진호가 지난 주에 아빠와 갔던 북한산 **등산**에 대한 자랑을 했다. 뉴욕에 있을 때, 아빠와 베어 마운틴으로 놀러 갔던 일이 떠 올랐다. 그리고 나는 친구들에게 한국의 산은 어떻게 다른 지 궁금하다고 말했다. 진호가 북한산을 주말에 같이 가면 어떻겠냐고 말했다. 태우와 나는 고개를 **끄덕였다.**

일요일에 우리는 **산**을 가기로 했다. 할머니가 산에 가면 배고프다고 **간식**과 도시락을 싸 주셨다. 김밥을 싸 주셨다. 그리고 초콜릿과 과자도 주셨다. 할머니는 정말 사랑이 많으신 분이시다.

One Friday, we headed home after class. Jinho bragged about **hiking** up Bukhansan Mountain with his dad last week. It reminded me of going to Bear Mountain with my father when I was in New York. And I told my friends I wondered how different the mountains in Korea are. Jinho asked us to join him hiking up Bukhansan on the weekend. Taewoo and I **nodded.**

On Sunday, we decided to go to the **mountain.** My grandmother packed some **snacks** and a lunch box since climbing a mountain will make me hungry. She packed kimbap. And some chocolates and chips. My grandmother is a loving person.

아침 일찍 나는 친구들과 북한산을 가기 위해서 전철역으로 향했다. 많은 사람들이 북한산을 향해 가고 있었다. 산에 올라가기 전에 입구에서 호떡을 팔고 있었다. 내가 **신기하게** 바라보니 태우가 나에게 호떡을 사 주었다. 나는 한국은 참 맛있는 간식이 많다고 생각했다.

I headed to the subway station early in the morning in order to go to Bukhansan with my friends. A lot of people were heading to Bukhansan. There was a hoddeok stand at the entrance of the mountain. I looked at it with **curiosity** and Taeweoo bought me some hoddeok. I think there are a lot of delicious snacks in Korea.

북한산은 **국립공원**이다. 올라 가는 길을 사람들이 편하게 갈 수 있도록 잘 **만들어** 놓았다. 올라 가다 보니 배가 고파왔다. 나는 친구들에게 할머니가 싸 주신 점심이 있다고 이야기했다. 우리는 잠시 쉬어 가기로 했다. 우리는 샌드위치, 김밥 그리고 음료수로 점심을 먹었다. 점심을 먹기 위해 **멈춘** 그곳에서 **절**이 보았다. 그리고 시원하게 물이 흐르는 **계곡**도 보았다. 우리의 눈이 시원해 졌다. 밥을 먹고 나니 다시 힘이 생겼다. 미국의 산과 **비교**해 보면 조금은 더 높아서 올라갈 때 힘이 들었다.

Bukhansan is a **national park.** The path going up the mountain is well **made** for people to conveniently walk. While going up, I became hungry. I told my friends that my grandmother packed lunch for us. We decided to rest for a while. There, we ate sandwiches, kimbap, and drinks for lunch. We saw a **temple** from the place where we **stopped** for lunch. And a **valley** where cold water flows. Our eyes were refreshed. We got our strength back after eating lunch. **Compared** to mountains in America, it was a bit steeper, so it was tiring going up the mountain.

우리가 **목표**로 하는 곳은 우이암이라는 곳이었다. **휴식**을 한 우리는 다시 산을 올라 갔다. 조금 더 걸어 가기가 어려워 졌다. 그래도 친구들과 함께 하니 즐겁기만 했다. 친구들과 이야기하면서 목표한 곳에 도착했다. **정상**에 도착하니 그곳에 음식점들이 가득했다. 참 신기한 모습이다. 산 위가 온통 음식점들이다. 우리가 **점심**을 먹었는지 의심이 되었다. 배가 너무 고파졌기 때문이었다. 우리는 해물 파전을 파는 집으로 들어 갔다. 할머니가 만들어 주신 적이 있었는데 지금 이것을 먹으니 정말 **꿀맛**이다.

Our **destination** was Uiam Rock. After taking a **break**, we resumed our hike. It became difficult to go further. But it was fun since I was with friends. While we were sharing stories, we arrived at our destination. When we got to the **summit**, it was full of food stalls. It was really strange. The top of the mountain was filled with food stalls. We began to wonder whether or not we'd actually had **lunch** because we became very hungry. We entered a food stall selling seafood pajeon. My grandmother had made it for me, and now it **tasted like heaven.**

높은 정상에 올라서서 산 아래의 풍경을 보았다. 멋진 풍경에 **감탄**이 절로 나왔다. 산 위의 풍경과 도시들이 하나의 그림과 같았다. 참 아름다운 광경이다. 확실히 미국의 산과는 많이 다른 모습이라고 친구들에게 말했다. 진호는 자랑스럽게 더 좋은 **코스**가 많고 다음에도 자기가 **안내**하겠다고 말했다. 다음 달에 한번 더 내 친구들과 함께 등산을 가기로 이야기 했다.

I climbed to a high point and looked down at the scenery below the mountain. I was **amazed** by the wonderful landscape. From the mountain, the landscape and the cities looked like a painting. It truly was a wonderful sight. I told my friends that it's very different from the mountains in America. Jinho proudly said that there are better **routes** up the mountain and he will **guide** us next time. We decided to go hiking together once more next month.

아래를 향해서 내려 오다 보니 다리가 풀려서 **걷기**가 더 힘들었다. 그리고 약간의 **피로감**이 몰려 왔다. 서울에서 등산을 했다는 것이 믿겨지지 않았다. 다 내려오니 **석양**이 모든 산을 **빨갛게** 드리우고 있었다. 산에서 내려 오는 사람들을 따라서 그 빨간 **물결**이 내려 오는 듯 했었다.

As I walked down the path, my legs were giving out so it was more difficult to **walk**. And there was a slight sense of **fatigue**. I couldn't believe that I had climbed a mountain in Seoul. After coming down, the **sunset** dyed all mountains red. It looked like a red **wave** followed the hikers coming down the mountain.

Vocabulary:

주말 – weekend	만들어 – made	감탄 – amazed
영화 – movie	멈춘 – stop	코스 – route
활동 – activity	절 – temple	안내 – guide
계획 – plan	계곡 – valley	걷기 – walk
등산 – hike	비교 – compare	피로감 – fatigue
끄덕였다 – nodded	목표 – destination	석양 – sunset
산 – mountain	휴식 – rest	빨갛게 – red
간식 – snack	정상 – summit	물결 – wave
신기하게 – curiosity	점심 – lunch	
국립공원 – national park	꿀맛 – taste like heaven	

이야기 요약:

노아는 친구들과 북한산으로 등산을 갔다. 맛있는 음식도 먹고 친구들과 목표한 곳까지 이르렀다. 국립공원 북한산 정상에서 노아는 아름다운 광경에 감탄했다. 또 다른 등산을 친구들과 계획했다.

Summary of the story:

Noah went on a hike with his friends to Bukhansan. He ate delicious food and reached the destination with his friends. Noah was amazed by the beautiful scenery at the summit of the mountain in Bukhansan National Park. And he planned on another hike with his friends.

Quiz:

1) 노아가 북한산 입구에서 사 먹은 음식은 무엇인가요?
   A. 호떡   B. 음료수   C. 김밥

1) What's the food that Noah ate at the entrance of Bukhansan?
   A. Hoddeok   B. Drinks   C. Kimbob

2) 노아의 친구가 아닌 사람은 누구인가요?

    A. 진호   B. 태우   B. 대우

2) Who is not one of Noah's friends?

    A. Jinho   B. Taewoo   B. Daewoo

3) 노아가 등산한 산의 이름은?

    A. 태백산   B. 북한산   B. 소백산

3) What's the name of the mountain where Noah went on a hike?

    A. Taebaeksan   B. Bukhansan   B. Sobaeksan

Answers:

    1) A   2) C   3)B

이야기 15. 추석
Story 15. Chuseok: Korean Thanksgiving Day

더운 여름이 지나고 가을이 오자마자 **추석**이 되었다. 추석은 가족들이 함께 만나고 모이는 큰 명절이라고 말했다. 우리 할머니의 집은 서울에 있어서 **다행**이다. 내 친구 태우는 할머니 집이 부산에 있다. 서울에서 부산은 차로 다섯 시간 정도 걸린다. 태우네 가족은 추석날 부산에 열 두시간 걸려서 **도착**했다. 모든 사람들이 고향으로 찾아 가는 명절이기 때문이다. 도로에 차들이 움직이질 않았다고 한다. 추석이 지난 후에 태우의 이야기를 들으면서 미국의 추수감사절 **모습**이 기억이 났다. 우리는 할머니와 할아버지가 서울에 계셔서 **여행**할 필요가 없었다. 삼촌 가족과 고모 가족들이 할머니 할아버지 집을 **방문**했다. 우리 가족과 함께 재미있는 추석 명절을 함께 보낼 수 있었다. 명절 동안은 서울의 심한 **교통체증**을 볼 수가 없었다. 다른 지역으로 여행간 사람들이 많았기 때문이었다.

As soon as the hot summer turned into fall, **Chuseok** arrived. I was told that Chuseok is a grand holiday when family members get together. It was **lucky** that my grandmother's place is in Seoul. My friend Taewoo's grandmother's place is in Busan. It is a five-hour ride by car from Seoul to Busan. But Taewoo's family **arrived** in Busan during Chuseok after 12 hours because it's a holiday when all people go back to their hometown. I was told that the cars on the road didn't move. While listening to Taewoo's story after Chuseok passed, I remembered **scenes** of Thanksgiving Day in America. We didn't have to **travel** since my grandparents were in Seoul. My uncle and aunt's family **visited** my grandparent's house. I was able to spend a fun Chuseok with my family. The severe traffic jam in Seoul could no longer be seen. It's because there were a lot of people who traveled to other cities.

고모가 추석의 대표 음식 **송편**을 집에서 만들어 오셨다. 예쁜 색깔과 모양의 송편들이 바구니에 한 가득 있었다. 소피아와 나는 그 떡을 먹었다. 할아버지가 송편에 대한 이야기를 우리에게 해 주셨다. 송편을 찔 때, 소나무 잎을 깔고 함께 찐다고 해서 송편이 되었다. 처음에는 송병으로 불렸다. '송'은 소나무라는 뜻을 가진 말이고 '병'은 떡의 의미이다. 하지만, 지금은 송편으로 불리어 진다. 송편의 모양은 **반달**을 의미한다. 추석은 달이 **만월**이 되는 것을 사람들이 바라면서 기도한다. 추석의 동그란 보름달처럼 올 한해 **풍성**해지기를 바란다는 의미가 있다. **전통적**으로 가정에서 송편을 만들었지만, 요즘에는 사람들이 사서 먹는다고 한다.

My aunt made **songpyeon**, the traditional food of Chuseok, at her home and brought it. Songpyeon with a variety of shapes and colors filled the basket. Sonia and I ate the rice cakes. My grandfather told us about the story of songpyeon. Songpyeon got its name from the addition of pine needles when steaming it. At first, it was called songbyeong. "Song" means pine tree and "Byeong" means rice cake. But today, it is called "songpyeon." Its shape resembles the **half-moon**. During Chuseok, people look at the moon and pray that it will become a **full-moon**. It means the people pray for the year to be **plentiful** like the full-moon of Chuseok. **Traditionally**, songpyeon were made at home, but these days people buy and eat them.

추석 날 아침에 우리 가족 모두는 **햅쌀**로 만든 밥과 과일들로 만든 음식으로 제사를 드렸다. 다양한 음식을 상 위에 **차려 놓고** 돌아가면서 **절**을 했다. 할아버지의 아버지와 어머니를 위한 시간이라고 아빠가 설명했다. 그리고 그 음식을 가족이 모두 나누어 먹었다. 나하고 **비슷한** 나이의 사촌들과 이야기하며 식사를 했다. 삼촌의 아들은 소피아와 같은 나이였고 고모의 아들은 나보다 한 살 더 많았다. 세 명의 남자 십대들의 만남으로 나는 더 즐거워졌다. 반면, 소피아는 가족들에게 한국의 생활에 대해서 이야기했다.

가족과의 식사시간이 끝난 후에 우리는 음식을 싸서 또 다른 장소로 **출발**했다. **성묘**를 가는 것이라고 했다. **돌아가신** 친척들의 **산소**를 찾아 갔다.

In the morning of Chuseok, our family performed an ancestral offering with food cooked with **newly harvested rice** and fruits. We made a deep bow in turns after **putting** various foods on the table. My father explained that the ritual is for the mother and father of my grandparents. And we all shared the food. I ate while talking to my cousins, who are **about** my age. My uncle's son was the same age as Sophia and my aunt's son was one year older than me. Having a group of three teenage boys made it more fun for me. Meanwhile, Sophia told the family members about her life in Korea. After eating with the family, we packed some food and **left for** another place. I was told that we were going to **visit and pay respect to the family cemetery.** We visited the **cemetery** of our relatives who had **passed away.**

어제까지 더운 열기는 가시고 가을 날씨가 **갑자기** 찾아온 듯 했다. 높은 하늘과 하얀 구름의 **청명한** 날씨였다. 또한 시원한 바람이 기분 좋게 했다.

The heat that had lasted until yesterday had passed, and the weather of fall seemed to have **abruptly** arrived. It was **fine** weather with white clouds and clear sky. And the cool breeze made us feel good.

서울에서 사십 분 정도 떨어진 어느 위성도시에 **가족 묘지가** 있었다. 시골 풍경이 나타나고 **골짜기**를 따라서 산 위로 올라갔다. 주변에 처음 본 작은 **들꽃**들이 나에게 인사를 하는 듯 했다. 우리가 묘지에 도착했을 때, 산에서 사람들이 성묘하는 것을 보았다. 묘지들은 함께 모여 있었다. 사람들은 그곳을 찾아 와서 꽃과 음식을 묘지에 놓고 아침에 제사 때 한 것처럼 절을 했다. 한국식 인사법인데 더 많이 고개를 숙이고 몸을 **굽혀서** 절을 했다. **생소한 의식**에 신기하기도 하고 어색하기도 했다. 나는 아버지를 계속 따라 했다.

나는 높은 동산 위의 묘지 옆에 누워서 아래 도시의 집들을 구경했다. 꽉꽉 채워진 마을에 같은 모양과 색깔의 아파트들이 가득하다. 할아버지는 가족들에게 옛날 이야기를 한참 동안 하셨고, 우리 아이들은 재미있는 유튜브 이야기로 옆에서 **떠들고** 있었다.

Our **family cemetery** was located in a satellite city that was about 40 minutes away from Seoul. The scenery of the countryside appeared and we went up the mountain alongside the **valley**. The small **wild flowers** I saw around me for the first time greeted me. When we arrived at the cemetery, I saw people paying their respects. The cemeteries were placed together with each other. People came, left flowers and food by the cemetery, and made deep bows like the one I did in the morning. It's a Korean way of greeting where a person bows his head more and makes a deep bow while **bending** his body. I was fascinated and also felt awkward at the **unfamiliar ritual**. I continued imitating my father. I lay next to the cemetary on a high hill and took a look around the houses in the city below. There were apartments of the same shape and color that filled the village. My father shared old stories with the family for a while, and the children were **chit-chatting** next to them with stories from YouTube.

삼촌과 고모는 집으로 돌아가고, 우리 가족은 할머니와 할아버지와 세빛 섬으로 달 구경을 하기로 했다. 세빛 섬에 있는 레스토랑에서 저녁을 먹고 아름다운 **야경**을 즐겼다. 무지개 분수의 아름다운 **조명** 빛이 훌륭했다. 너무 맑은 날씨여서 **한가위** 달이 하늘 위에 환하게 떠 올랐다. 그러자, 우리 모두는 한 가지씩 **소원**을 빌기 시작했다.

Uncle and aunt went back home and our family decided to watch the moon at the Floating Island with our grandparents. We had dinner at a restaurant on the Floating Island and enjoyed the beautiful **night view**. The rainbow spotlights at the fountain were splendid. The sky was so clear that the full-moon of **Chuseok** rose to the sky. Then, we all started making a **wish** one by one.

❀ ❀ ❀

Vocabulary:

추석 – chuseok

다행 – lucky

도착 – arrive

모습 – scenery

여행 – travel

방문 – visit

교통체증 – traffic jam

송편 – songpyeon

소나무 – pine tree

만월 – full-moon

반달 – half-moon

풍성 – plentiful

전통적 – traditional

햅쌀 – newly harvested rice

차려 놓고 – put

절 – deep bow

비슷한 – about

출발 – leave for

성묘 – visit and pay respect to family cemetery

돌아가신 – pass away

산소 – cemetery

갑자기 – abruptly

청명한 – fine

가족묘지 – family cemetery

골짜기 – valley

들꽃 – wild flower

굽혀서 – bend

생소한 – unfamiliar

의식 – ritual

떠들고 – chit-chat

야경 – night view

조명 – spotlight

한가위 – hangawi

소원 – wish

이야기 요약:

한국의 큰 명절 중 하나인 노아는 추석이야기를 하고 있다. 추석에 한국의 가족들은 함께 모이기 위해 먼 거리를 이동하기도 했다. 그리고 추석날 제사를 지내고 성묘를 했다. 잊지 못할 추억으로, 노아의 가족은 세빛섬 옥상에서 추석의 만월을 구경했다.

Summary of the story:

Noah tells his story about Chuseok, which is one of the biggest Korean holidays. Korean families travel long distances to get together on Chuseok. Noah's family performed ancestral rites and then visited and paid respects to the family cemetery. As an unforgettable memory, Noah's family looked at the full-moon of Chuseok at the rooftop on Floating Island.

Quiz:

1) 노아는 추석을 보내기 위해 누구 집으로 이동했나요?
   A. 삼촌집 B. 고모집 C. 할아버지 집에 있었다.

1) To whose house did Noah go to in order to celebrate Chuseok?
   A. His uncle's house

   B. His aunt's house

   C. His grandparent's house

2) 추석의 대표적인 음식은 무엇인가요?
   A. 송편 B. 불고기 C. 떡국

2) What's the main food in Chuseok?
   A. Songpyeon B. Bulgogi C. Tteokguk

3) 노아가 추석에 했던 일은 무엇인가요?
   A. 윷놀이 B. 제사 지내기 C. 여행가기

3) What did Noah do during Chuseok?
   A. Play a game of Yut

   B. Perform ancestral rites

   C. Sightseeing

4) 노아의 가족들이 추석의 달을 본 장소는 어디인가요?
   A. 한강   B. 세빛섬   C. 한강 유람선

4) Where did Noah's family see the moon during Chuseok?
   A. Han river   B. Floating Island   C. Cruise ship on Han river

Answers:

   1) C   2) A   3) B   4) B

이야기 16. 한남동에서의 하루
Story 16. One day in Hannam-dong

한국에서 생활한 지 많은 시간이 지났다. 몇 달 후면 다시 돌아가야 한다는 생각을 하니 **아쉬운** 마음이 들었다. 내가 가고 싶은 곳과 하고 싶은 것들이 많이 **남아** 있었기 때문이었다. 한국의 친구들과 재미있는 시간을 **보냈던** 일들이 영화의 장면처럼 생생하다.

A lot of time passed as I stayed in Korea. It is a **shame** that I will be going back in a few months. That's because there are **still** a lot of things I want to do and places I want to visit. Fun times that I've **spent** with my friends in Korea remain as vivid as scenes from a movie.

10월은 단풍으로 아름다운 계절이었다. 가로수의 은행나무 잎들은 **노랗게** 물들었다. 키가 작은 다른 나무들도 **빨갛게** 물들었다. 나는 9월 한달 내내 피곤했다. 두번 째 학기가 시작되면서 많이 피곤했다. 새 학기 **적응**을 해야 했기 때문이었다. 하지만 휴식을 할 수 있는 10월이 오니 한결 편해졌다. 공휴일이 10월 안에는 참 많았다.

October is a beautiful season filled with autumn leaves. The leaves of ginkgo trees have turned **yellow.** Even the small trees have turned **red.** I was worn out for the whole month of September. As the second semester began, I was very tired because I had to **adjust** to the new semester. However, I was relieved as the month when I can take some rest, October, came. There are a lot of holidays in October.

10월 3일은 개천절이다. 나에게는 **생소한** 공휴일이었다. 개천절은 한국이 처음 국가를 세운 날이라고 했다. 국경일이라서 나는 그날 학교를 가지 않았다. 아침 늦게까지 잠을 잤다. 창문으로 해가 가득 들어 왔지만 나는 전혀 일어날 생각이 없었다. 잠은 깼지만 이불 안에서 **꼼짝도 하지 않고** 있었다. 아침 일찍 할아버지와 할머니는 동네를 한 바퀴를 돌고 오셨다. 아빠도 일어날 생각이 없으신 것 같았다. 그러나 소피아는 엄마와 부엌에서 함께 있었다. 그들의 이야기 소리와 웃음 소리가 내 잠 속에서 노래처럼 들렸다.

October 3 is National Foundation Day. It was an **unfamiliar** holiday to me. I was told that it's the day when Korea was founded as a nation. I didn't go to school that day since it was a national holiday. I slept till late morning. The sun shone through the window but I didn't have the slightest intention of getting up. I was awake but I **didn't move an inch** under my blanket. My grandparents walked around the town early in the morning. My father didn't seem to want to get up either. But Sophia was with my mother in the kitchen. Their laughter and voices sounded like a song in my dream.

갑자기 **초인종**이 울렸다. 소연이가 왔다. 가족들이 반갑게 맞이 하는 소리를 들었다. 나는 **급하게** 침대에서 일어 나서 거실로 나갔다.

소연이는 우리 가족과 자주 만난 소피아의 베프이다. 그녀의 **낙천적**이고 재미있는 성격은 우리 가족을 기쁘게 했다. 소피아와 나를 서울에서 인기있는 장소로 자주 **안내**해 준 친절한 소녀였다.

Suddenly, someone rang our **doorbell**. It was Soyeon. I heard my family greeting her brightly. I **quickly** got up from my bed and headed to the living room.

Soyeon is Sophia's best friend, and she hung around a lot with our family. Her **optimistic** and interesting personality brightened our family. She was a kind girl who often **guided** Sophia and I to some popular places in Seoul.

소연이가 방문한 그 날, 소피아는 나에게 한남동에 같이 가자고 말했다. 소연이가 가이드가 될 수 있다고 말했다. 우리는 함께 이야기를 나누다가 한남동 투어를 하기로 **결정했다.**

한남동은 예쁜 건물이 줄지어 있었다. 다양한 가게들도 있었다. 여러 브랜드의 상품을 파는 가게들이 눈에 띄었다. 소피아가 좋아하는 맨투맨과 모자를 사러 우리는 들어

갔다. 매장 안에 인테리어가 **독특했다.** 그 안의 음악, **향기**, 그리고 색깔은 그 장소만의 독특함을 보여 주고 있었다.

On the day that Soyeon visited us, Sophia asked me to go to Hannam-dong with her. She said Soyeon would be our guide. After talking, we **decided** to tour Hannam-dong.

Hannam-dong has a lot of beautiful buildings lining the streets. There are a variety of shops. Stores selling goods from different brands caught our attention. We headed in to buy a sweatshirt and a hat that Sophia liked. The interior design of the store was **unique**. Its music, **fragrance**, and color showed the distinctive character of Hannam-dong.

우리는 배가 고파서 밥을 먹으려고 어느 식당 안으로 들어 갔다. 연어 샌드위치와 피칸 샐러드를 시켜서 실컷 먹고 나서, 바로 옆 멋진 카페로 또 들어 갔다. 소연이가 꼭 그곳을 들려야 한다고 우리에게 **주장했다.** 그곳에서 우리는 와플을 응용해서 만든 요리와 아이스 아메리카노로 **풍성한** 디저트를 먹었다. 배가 불렀지만 다양하고 맛있는 메뉴를 계속 먹어야 했다. 다양한 음식을 먹는 것은 여행의 기쁨이라고 소피아가 크게 말했다.

We were hungry so we went to a restaurant. After eating a salmon sandwich and pecan salad, we went to a stunning cafe right next door. Soyeon **insisted** that we had to visit that place. We ate a bunch of desserts made from waffles and drank iced Americanos. We were full but we had to keep eating different kinds of delicious dishes. Sophia proclaimed loudly that eating various kinds of food is the joy of traveling.

소피아의 안내에 따라 우리는 리움 미술관으로 발길을 향했다. 한국 전통 미술품과 현대 **미술품**들이 함께 있는 곳이었다. 고려청자, 조선백자, 분청사기 등을 보았다. 처음 보는 빛깔과 모양으로 만든 자기들이었다. 한국의 예술성에 감탄하였다.특히, 나는 하얀 이조시대의 백자가 마음에 들었다. 우리는 야외로 나왔다. 야외에도 예술품들이 있었다. 깨끗하게 꾸며진 정원 가운데 **예술품**이 있었다. 우리가 보았던 작품은 '큰 나무와 눈'이라는 것이었다.

With Sophia's guidance, we headed for the Leeum Museum of Art. It's a place with traditional Korean fine art and modern art. We saw Goryeo porcelains, Joseon porcelains, and Buncheong porcelains. It was my first time seeing porcelain with such colors and shapes. I especially liked the white Lee Dynasty porcelain. We headed outside and there were more artworks outdoors. We saw an **artwork** in the middle of the beautifully decorated garden. It was called "Tall Tree and the Eye."

우리는 음식점과 카페가 함께 있는 골목을 따라 걸었다. 여러 가지 소품을 파는 상점들을 들어 갔다가 나오곤 했다. 페이퍼 뮤즈 라는 외국패션 **잡지**를 파는 곳도 구경했다. 세계의 다양한 패션 잡지들이 있었다. 소연이가 사고 싶어 했던 보그 패션 잡지 하나를 나는 그녀에게 사 주었다. 소연이가 기뻐했다. 소연이가 좋아하니 나도 좋았다.

소피아는 계속 그 작은 가게에 더 머무르기를 원했지만, 소연이는 우리를 가나 아트 갤러리로 인도하였다. 현대 미술품이 있는 곳이었는데 참 어려운 작품들이었다. 그 작은 갤러리 안에서 우리들의 대화만 그치지 않고 있었다. 그 평안하고 조용한 특별한 분위기가 아직도 기억이 난다.

We walked along the alley filled with restaurants and cafes. And we dropped by shops selling various souvenirs. We also took a look around a shop called Paper Muse that sells foreign fashion **magazines**. There were a lot of fashion magazines from all over the world. I bought Soyeon a Vogue fashion magazine she wanted. She was happy, and seeing her happy made me feel good. Sophia wanted to stay at the shop for some time but Soyeon guided us to the Gana Art Gallery. It's a place with modern art, and they were sophisticated works. In that small gallery, we talked endlessly. I can still recall the special atmosphere of peace and quiet there.

⚜ ⚜ ⚜

Vocabulary:

아쉬운 – shame

남아 – still

보냈던 – spent

빨갛게 – red

노랗게 – yellow

적응 – adjust

생소한 – unfamiliar

개천절 – National Foundation Day

꼼짝하지 않고 – didn't move an inch

초인종 – doorbell

급하게 – quickly

낙천적 – optimistic

안내 – guide

결정했다 – decided

독특했다 – unique

향기 – fragrance

주장했다 – insisted

풍성한 – a bunch of /plenty of

미술품 – artwork

예술품 – artwork

잡지 – magazine

이야기 요약:

10월 3일 개천절, 소연이의 안내를 받으며 노아와 소피아는 한남동 투어를 했다. 세 사람은 맛집, 다양한 가게, 그리고 미술관 등을 둘러 보면서 재미있는 시간을 함께 보냈다.

Summary of the story:

On National Foundation Day, October 3, Noah and Sophia toured around Hannam-dong with Soyeon as their guide. They had good times looking around various shops and art museums and eating food at famous restaurants.

Quiz:

1) 10월 3일은 무슨 날인가요?
   A. 한글날   B. 추석   C. 개천절

1) What day is October 3?
   A. Hangul Day

   B. Chuseok

   C. National Foundation Day

2) 한남동에 가서 하지 않은 일은 무엇인가요?
   A. 영화관 가기   B. 리움 미술관 가기   C. 페이퍼 뮤즈 가기

2) What did they NOT do in Hannam-dong?
   A. Go to a movie theater

   B. Visit Leeum Museum of Art

   C. Visit Paper Muse

3) 페이퍼 뮤즈에서 노아가 잡지를 사서 누구에게 선물했나요?
   A. 소피아   B. 소연   C. 노아의 엄마

3) For whom did Noah purchase the magazine at Paper Muse?
   A. Sophia   B. Soyeon   C. Noah's mother

4) 한남동에서 사 먹은 음식이 아닌 것은 무엇인가요?
   A. 아이스 커피   B. 연어 샌드위치   C. 피칸 파이

4) What did they NOT eat in Hannam-dong?
   A. Ice Americano   B. Salmon sandwich   C. Pecan pie

Answers:

   1) C   2) A   3) B   4) C

이야기 17. 미역국과 찹쌀떡

Story 17. Seaweed Soup & Chapssaltteok

한국의 날씨는 점점 추워지고 있었다. 겨울이 시작되었다. 뉴욕과 비슷한 날씨 같았지만 눈은 오지 않았다. 바람이 차가왔다. 온도가 갑자기 **영하**로 내려 갔다. 많은 사람들은 11월 대학 수능고시에는 **어김 없이** 추위가 찾아 온다고 말했다. 전국의 모든 고등학교 3학년 학생들은 이날 시험을 보아야 한다. 12 년간 공부한 **결과**를 가지게 되는 것이다.

The weather in Korea is gradually becoming colder. The winter has begun. It's similar to the weather in New York but there is no snow. The wind has become cold and the temperature suddenly dropped **below freezing**. Many people said that cold weather comes **without fail** during November when students are taking the national college entrance exam. All high school students in their third year must take the exam on this day. It's the day when they face the **result** of their 12 years of studying.

내가 다녔던 고등학교 학생들은 오전 8시면 학교에 갔다. 3학년 학생들은 그보다 더 일찍 등교했다. 수업이 끝난 후 그들은 학교에서 밤 늦게까지 공부를 했다. 더 놀라운 것은, 그 이후에도 집으로 가지 못한다는 것이었다. 그들은 다시 학원으로 가기도 했다. 잠은 언제 자는 것일까? 내가 이렇게 **질문**했을 때, 친구들은 웃었다.

수업 시간에 틈틈이 자야 한다고 말했다. 정말 **무서운** 학교라고 나는 생각했었다. 그래도 아이들은 그러한 생활을 잘 받아 들이는 것처럼 보였다.

The students in the high school I attend go to school at 8 am. The third year students come earlier than that. Even after class, they study till late at night at school. What's more surprising is that they don't go back home after that. They go to private academies instead. When do they sleep? When I asked the **question**, my friends laughed. They told me they get some sleep during classes. I thought that it was really a **scary** school. But the students seemed to be well used to such a lifestyle.

나는 항상 오후 4시면 집에 올 수 있었다. 내가 돌아온 시간에는 주변에서 친구들을 만나기는 어려웠다. 주말이 되면 친구들을 만날 수 있었다.

진호와 태우는 학교 **임원**으로 활동하고 있었다. 대학 수능 고사를 보는 선배들을 격려하기 위해서, 시험 보기 전날에 찹쌀 떡을 줄 것이라고 말했다. 떡은 나에게는 참 생소한 음식이었다. 끈적거리고 맛이 없는 음식이었다. 시험을 보는 데 왜 찹쌀 떡을 먹어야 하는 것일까?라는 궁금증이 생겼다.

I always get home at 4 pm. It's difficult to hang out with friends at that time. I'm able to meet them on weekends.

Jinho and Taewoo were working as student **council members.** They said they were planning to give away sticky rice cakes on the day before the exam in order to encourage their seniors who were taking the national college entrance exam. Rice cake is an unfamiliar food to me. It's sticky and tasteless. I wondered why one should bother to eat sticky rice cakes before taking exams.

할아버지께 그것에 대해 질문을 하였다. 그랬더니 할아버지는 자세하게 설명해 주셨다.

시험을 보기 전에 학생들에게 전해 주는 선물은 찹쌀 떡이나 엿이라고 했다. 그것은 찰떡처럼 시험에 붙으라는 의미를 가지고, 찹쌀 떡을 먹고 큰 **복**을 받아 **합격**하라는 **의미**를 가지고 있다고 설명하셨다.

I asked grandpa about it and he gave me a detailed explanation. Students who are about to take exams are given sticky rice cakes or yeot. It **signifies** being able to "stick" to passing marks like sticky rice cakes; or in other words, you will receive **blessings** through eating sticky rice cakes and will pass the exams.

할아버지는 그것과는 다른 **뜻**을 가지고 있는 음식에 대해서 설명해 주셨다. 시험 날에는 미역국, 죽, 계란 등을 먹으면 안된다는 문화적 풍습이 있다고 하셨다. 미역국을 먹으면 시험에 미끄러진다고 생각한다고 했다. 그리고 죽을 먹으면 시험을 **망치게** 된다고 하였다. 그리고 계란을 먹으면 **깨지기**가 두렵기 때문이라고 말씀하셨다. 할아버지의 이야기를 듣고 한참을 웃었다. 그 풍습들은 사람들이 얼마나 시험에 대한 **압박**을 가지고 있는지를 나타내는 말들인 것 같다. 혹시 우리 아빠가 미국으로 건너간 이유도 한국의 시험을 피하기 위해서가 아닌지 아빠에게 물어 보려고 생각했다.

Grandpa told me about foods that have the opposite meaning to sticky rice cake and yeot. He said in Korea, there's a cultural tradition that students should not eat seaweed soup, porridge, or eggs on the day before an exam. Eating seaweed soup will make the student "slip" and fail the exam. Eating porridge will make them **"mess up"** the exams. And eggs are fragile so the student might **"break"** and screw up an exam. I laughed for some time after hearing grandpa's stories. Such traditions seem to show the intensity of **pressures** people feel about the exams. I thought of asking dad whether he went to the States to avoid taking exams in Korea.

대학 수능시험은 하루 종일, 여덟 시간 동안 진행된다. 한국 가정에 **수험생**이 있다면, 가족 전체가 함께 어렵다고 했다. 특히, 수험생을 둔 엄마들은 일 년 동안 그 자녀와 어려운 시간을 보내야만 한다고 했다. 엄마는 자녀들이 집에 올 때까지 기다려야 하고 그들의 건강을 위해 여러가지로 **신경**을 써야 하기 때문이다. 따라서, 어쩌면 엄마도 시험을 치루는 과정이 아니냐고 했다. 우리 고모는 일 년 동안 많은 **고생**을 하셨다. 고모의 아들이 곧 수능을 보기 때문이었다.

The national college entrance exam goes for 8 hours, the whole day. It is said that having an **examinee** in a Korean family is hard on the entire family. The mothers are especially bound to go through hard times with their children. They must wait until their children come home each day and they have many **concerns** regarding their children's wellbeing. So perhaps the mothers were also undergoing the same situation as their children. Our auntie **went through hardships** for a year because her son was taking the national college entrance exam soon.

우리 가족도 그를 **응원**하기 위해서 특별한 시간을 준비하게 되었다. 소피아와 나는 찹쌀떡을 사러 나갔다. 재미있는 이모티콘으로 장식한 카드도 하나 샀다. 주말에 우리 가족 모두는 고모 집을 방문했다. 고모의 아들을 위해 우리는 응원하고 **격려**의 선물을 전달하였다. 그는 그것을 받고 감사하다고 말했다. 집으로 돌아 오면서 운전하시는 아버지 옆 좌석에서 나는 말했다. "한국에서 수능을 경험하지 않은 것이 얼마나 다행인지 모르겠어요." 아빠는 그 말을 듣고 더 크게 웃으셨다. 언제나 **낙천적**인 소피아는 자기는 그 시험을 한 번 정도 경험하는 것도 괜찮을 것 같다고 말했다. 우리 엄마는 아이들이 너무 **가엽다**고 말했다.

Our family prepared something special in order to **show support for** him too. Sophia and I went out to buy sticky rice cakes. We also bought a card decorated with funny emojis. During the weekend, our family visited my auntie's house. We cheered our auntie's son and handed him our gifts of **encouragement.** He thanked us after receiving them. On our way back home, I told my father, who was driving, how fortunate I was for not undergoing the national college entrance exam in Korea. Dad laughed louder when he heard that. Sophia, who is always **optimistic**, said it might be a good experience to take the exam once. My mom said that she **felt sorry** for the children who were preparing for it.

드디어 그 시험 날짜가 다가왔다. 시험 전날, 나는 친구들과 같이 응원하기 위해 3학년 **선배들**를 찾아 갔다. 학교 임원들이 준비한 선물들을 그들에게 나누어 주었다.

시험을 치르는 날 6시에 나는 일어 났다. 그날은 학교를 가지 않았다. 하지만 나는 진호와 태우를 만났다. 우리 학교 학생들이 제일 많이 시험을 치는 장소로 우리는 찾아 갔다. 전철을 탔더니 그 안에는 평소보다 사람들이 적었다. 수능 날에는 학생들은 학교에 가지 않았고, 회사들은 수험생들을 위해서 1시간 늦게 출근하는 **배려**를 했다. 그날은 세상이 수험생을 위해 시간을 맞추는 것 같았다.

Finally, the exam day came. Yesterday, I paid a visit to my 3rd year **seniors** to cheer them on with my friends. We gave them gifts prepared by the student **council members.**

On the day of the exam, I woke up at six in the morning. We didn't go to school that day. But I went to meet up with Jinho and Taewoo. We went to the venue where most of our school students would take the exams.

There were fewer people than usual on the subway. On the day of the national entrance exam, students don't go to school and **out of consideration**, the companies allowed employees to show up for work an hour late. It seemed that the world was adjusting its schedules for the examinees.

우리는 **일찍** 도착한 수험생들에게 따뜻한 차를 나눠 주면서 재미있게 이야기를 나누고 있었다. 반면, 수험생의 어머니들은 자녀들이 시험장으로 들어갈 때까지 그녀들의 **시선**을 떼지 못하고 그들의 모습을 끝까지 지켜 보고 있었다. 그리고 어머니들은 집에 가지 않고 문앞에 서서 **간절하게** 기도하고 계셨다.

We handed out hot teas and shared funny stories with examinees who arrived **early.** In contrast, the mothers of the examinees couldn't take their **eyes** off their children and watched them until they entered the examination room. And instead of going back home, they prayed **ardently** in front of the entrance.

Vocabulary:

영하 – below freezing

의미 – signify

격려 – encouragement

어김 없이 – without fail

뜻 – meaning

낙천적 – optimistic

결과 – result

망치게 – mess up

가엽다 – feel sorry

질문 – question

깨지기 – break

선배들 – seniors

무서운 – scary

신경 – concern

배려 – out of consideration

임원 – council member

수험생 – examinee

일찍 – early

복 – blessing

고생 – go through hardship

시선 – eyes

합격 – pass

응원 – show support / cheer

간절하게 – ardently

이야기 요약:

노아는 대학수능 고시를 위해서 시험을 치르는 학생들에 대한 한국의 문화를 간접적으로 경험했다. 사람들이 학생들을 어떻게 격려하며 응원하는지를 보았다. 시험날 아침 일찍 노아와 친구들은 시험장으로 가서 수험생들을 격려했다.

Summary of the story:

Noah indirectly experienced Korean culture regarding examinees of the national college entrance exam. He saw how people cheered and encouraged the students. Noah and his friends went to the exam venue early in the morning to encourage the test-takers.

Quiz:

1) 한국에서 고등학교 3학년 학생들이 대학을 가기 위해 무엇을 하나요?

   A. 대학수능 시험보기

   B. 포트 폴리오 만들기

   C. 현장 체험 보고서 내기

1) What do third year high school students in Korea do in order to go to college?

   A. Take the national college entrance exam

   B. Make portfolios

   C. Submit field study reports

2) 수능을 보는 학생들에게 시험 합격을 기원하면서 주는 선물은 무엇인가요?

   A. 쵸콜릿   B. 찹쌀떡   C. 음료수

2) What's the gift that examinees hoping to pass the exam receive?

   A. Chocolate   B. Sticky rice cake   C. Soft drink

3) 노아의 가족들이 수험생을 격려하기 위해서 찾은 곳은 어디인가요?

   A. 고모집   B. 삼촌집   C. 노아 친구집

3) Where did Noah's family visit to encourage one examinee?

   A. Auntie's home   B. Uncle's home   C. Noah's friend's home

4) 수능 시험날에 노아와 친구가 찾아 간 곳은 어디인가요?

   A. 다니는 학교   B. 수능을 보는 학교   B. 도서관

4) Where did Noah and his friends visit on the day of the exam?

   A. Their school

   B. The school where the national college entrance exam was held

   C. The library

✾   ✾   ✾

Answers:

   1) A   2) B   3) A   4) B

이야기 18. 한반도 비무장 지대
Story 18. The Korean Demilitarized Zone

우리 할아버지는 1950년 평양의 어느 마을에서 막내 아들로 태어 나셨다. 평양은 북한의 **수도**이다. 할아버지가 태어 나신 후 몇달이 지나고 6월 25일에 한국전쟁이 **일어났다.** 전쟁이 나자 할아버지의 가족은 남쪽으로 이동해 왔다. 남쪽으로 이동해서 부산까지 **피난**을 오게 되었다. 그 때 이후로 **증조 할아버지**와 **증조 할머니**는 북한의 가족을 다시 만나지 못했다. 그들은 고향과 가족을 평생 그리워 하시다가 생을 마치셨다. 그렇지만 한국의 **이산 가족**의 슬픔은 70년이 지난 현재는 점점 잊혀져 가는 현실이 되었다고 한다. 할아버지는 한국이 **통일**이 속히 되어야 한다고 말씀하셨다.

My grandpa was born as the youngest son in a family living in a village of Pyeongyang in 1950. Pyeongyang is the **capital** of North Korea. A few months after his birth, the Korean War **broke out**.

As the war began, grandpa's family moved to the South. They traveled south and **took refuge** in Busan. After that, my **great-grandfather** and **great-grandmother** never saw their family in North Korea ever again. They passed away after being homesick for their hometown and family for the rest of their lives. But sadly nowadays, after 70 years have passed, the sorrow of the **separated families** in Korea has begun to be forgotten. Grandpa told me that Korea should **reunify** soon.

1953년 7월 27일 **한국 휴전 협정**에 따라 전쟁은 중지 되었다. 끝이 난 것이 아니라 현재까지 휴전 상태로 남아 있다. 삼 년간의 한국 전쟁은 세상을 **폐허**로 만들어 놓았다. 세상은 **부상병들**, 아버지와 아들을 잃은 가족들, 그리고 부모를 잃은 **고아**들로 가득 찼었다. 그 이후로 지금까지 남한과 북한은 자유롭게 서로 방문할 수가 없게 되었다.

The war was halted by the **Korean War Armistice Agreement** on July 27th, 1953. It's not over, but rather it remains in a state of truce to this day. Three years of the Korean War left the world in **ruins**. The world was filled with **wounded soldiers**, families who lost fathers and sons, and **orphans** who lost their parents. Since then, until today, North and South Korea have not allowed their citizens to freely visit each other.

휴전에 합의 하면서 남한과 북한 사이 지역에 **비무장 지대**를 만들었다. 남한과 북한은 DMZ(Demilitarized Zone)를 사이에 놓고 둘로 나뉘어져 있다. 남북 군대가 **맞닿은 곳**을 군사 분계선으로 하였는데, 이 선으로부터 남북으로 각각 2km씩 전체 4km의 폭을 가지는 지역을 비무장 지대로 정했다. 그 지역 안으로는 어느 누구도 출입할 수가 없다. 비무장 지대는 자연 그대로 두어 **멸종위기**의 야생 식물들과 동물들이 보존되어 있다고 한다.

할아버지는 전쟁 후에 어려웠던 생활 모습에 대해 이야기를 해 주셨다. 그리고 가난을 **극복**하기 위해 사람들이 얼마나 열심히 살아 왔는지 할아버지의 이야기를 통해 나는 상상할 수 있었다.

As the armistice was established, a **demilitarized zone** (DMZ) was built in a region between South and North Korea. The two countries are separated with the DMZ in between. A military demarcation line was established where both armies had **met**, and a region of 4 km total width, 2km to the south and to the north, became the demilitarized zone. Nobody is allowed into the zone. The DMZ is maintained untouched, so it is said that **endangered** wild plants and animals are preserved in the region. Grandpa told me stories of lives that were filled with hardships after the war. And I was able to imagine through my grandpa's stories how people struggled to **overcome** poverty.

"전쟁이 끝난 1953년의 한국은 너무나 **비참**했단다. 전쟁으로 무너진 건물들, 전쟁 고아들, 그리고 가난과 배고픔으로 모든 국민들은 고통스러운 시간을 보내야 했단다. 지금과는 비교할 수 없을 정도로 가난한 나라였단다. 그 때의 한국은 주변 세계 여러 나라들이 도와 주어야 살 수 있는 곳이었어." 할아버지의 이야기를 듣고 나는 질문했다.

"어떻게 지금과 같은 나라로 변할 수가 있었지요?"

"놀랍지? 어떻게 그 가난을 이길 수가 있었는지 나도 신기할 뿐이야, 기적과 같은 일이 일어났던 거야."

"누가 도와 주었나요? 아프리카 기근으로 죽어 가는 사람들을 도와 주듯이…"

할아버지가 나를 보고 웃으시면서 다시 말씀하셨다.

"그래, 처음엔 주변 나라가 우리를 많이 도왔다. 그리고 할아버지 **세대**와 아버지 세대의 사람들은 정말로 열심히 일했단다. 또한 어머니들은 일하는 아버지와 공부하는 자녀들을 위해 헌신했지. 자기 자신보다는 우리라는 **공동체**를 위해 **희생**하며 살아 왔단다."

나는 흥분하면서 말했다.

"한국은 정말 대단한 나라예요. 그리고 국민들이 정말 부지런하다고 생각해요." 할아버지는 **흐뭇하게** 웃으시면서 고개를 끄덕이셨다.

"When the war ceased in 1953, Korea was very **miserable.** The entire nation suffered due to buildings destroyed by war, war orphans, poverty, and hunger. Korea was a poor country beyond imagination when compared to the present days. People barely managed to live through the help of many countries all over the world." I asked my grandpa a question after hearing his stories.

"How was Korea able to develop into the Korea that we know now?"

"Surprising, isn't it? I'm as surprised as you are that we were able to overcome such poverty, as if a miracle happened."

"Did someone help? Like how people are helping the people of Africa starving due to famine…?"

Grandpa smiled at me and continued his stories. "Yes, at first a lot of the neighboring countries helped. Then people of my **generation** and your father's worked really hard. Also, mothers devoted their lives for the working fathers and children who were studying. They **sacrificed** their lives for the **community**."

I spoke out of excitement. "Korea is really amazing. And I think Koreans are really diligent." My grandpa smiled **heartwarmingly** and nodded.

서울은 **독특한** 문화를 가진 멋진 도시라고 느꼈다. 그 중에서 한국의 요리는 세계 사람들이 많은 관심을 가지고 있는 것을 나는 보았다. 그것에 대해 아빠는 다음과 같은 특별한 해석을 한 적이 있다. 다양한 한국음식 **문화**는 가난과 배고픔의 고통에서 **승화**된 것이라는 것이다. 다시 말하자면, 하루 세 번의 식사를 **간절히** 열망했던 사람들이 부족한 식재료 속에서 다양한 **조리법**을 만들어 낸 것이다. 어렵고 힘들었던 역사가 발전할 수 있는 **원동력**을 준 것이었다.

I felt that Seoul is a cool city with **distinctive** cultural aspects. Among them, I saw how Korean cuisine inspires great interest from people all over the world. My father shared his special explanation for that. The variety of Korean food **culture** is the product of **transcendence** from poverty and hunger. In other words, people who **desperately** desired to have three meals a day came up with different recipes from what little they had. The past filled with sufferings and hardships became the **impetus** to develop.

한국의 역사에 대한 이야기를 나눈 후에 우리는 한 가지 계획을 세웠다. 우리 가족은 강원도 여행을 가기로 했다. 고성이라는 지역에 도착했다. 고성은 남한에서 가장 북쪽에 있는 지역이다. 북한을 가까이에서 볼 수 있는 곳이다. 서울은 눈이 없었는데 강원도의 산들은 **설경**으로 멋있었다. 통일 **전망대**에 도착했다. 전망대로 가는 계단을 따라 우리는 올라갔다. 전망대에서 바라 보는 동해 바다가 참 아름다웠다. 북쪽으로는 금강산이 보였다. 금강산은 북한에 있는 산으로 남한 사람들이 생전에 꼭 가고 싶어 하는 산이라고 아빠가 말했다.

할아버지가 태어나신 북한 땅을 잠시 바라 보았다. **망원경**으로 북한의 마을과 사람들도 볼 수 있었다. 그 이후에 우리는 6.25**전쟁기념관**을 찾았다. 전쟁의 모습을 **담은** 많은 것들이 있었다. 전쟁에서 병사한 군인들의 **유골**을 **수습**한 **모형**과 한국을 도와 전쟁에 참가한 유엔 **참전국** 열 여섯 개의 **깃발들**이 있었다. 그 때 사용했던 **무기들**도 전시되어 있었다.

After sharing stories about Korean history, our family came up with a plan. We decided to travel to Gangwon province. We arrived at a place called Gosung. It's the northernmost region in South Korea. And it's where people can see North Korea up close. There was no snow in Seoul, but the mountains in Gangwon province had a beautiful **snowy landscape**. We arrived at the **Unification Observatory.** And we walked along the stairs going up the observatory. The East Sea from the observatory was truly dazzling. We were able to see Mt. Geumgang. My father told me it's a mountain in North Korea which South Korean people wish to visit in their lifetime.

My grandpa took a moment and looked at North Korea where he was born. Through **telescopes** we were able to see North Korean towns and people. Afterwards, we visited the 6.25 **War Memorial** of Korea. There were many things that c**aptured** the imagery of the war. It had **mockups** of **gathering** the **remains** of soldiers and the sixteen flags of UN **combatant countries** that aided South Korea. **Weapons** that were used during the war were also displayed.

인간의 역사에서 전쟁은 계속 되고 있다. 하지만 나는 전쟁을 경험하지 않았다. 전쟁이 사람들에게 오랫동안 얼마나 많은 **고통**을 가져다 주는지 우리는 안다. 나는 전망대 위에서 기도를 했다. 이렇게 기도했다. "지금도 세상 곳곳에서 일어나고 있는 전쟁들이 빨리 그치게 해 주세요. 그리고 모든 사람들의 삶 속에 평화가 있기를…"

Wars continue to exist in human history. But I haven't experienced one. We know how much **pain** wars bring upon people. I prayed as I stood on top of the observatory. My prayer went like this: "May the wars in the world stop as soon as possible. And may there be peace in the lives of everyone…"

❈ ❈ ❈

Vocabulary:

수도 – capital

일어났다 – broke out

피난 – take refuge

증조 할아버지 – great-grandfather

증조 할머니 – great-grandmother

이산가족 – separated family

통일 – reunify

폐허 – ruins

부상병들 – wounded soldiers

고아 – orphan

한국 휴전 협정 – Korean War Armistice

비무장 지대 – Demilitarized Zone Agreement

맞닿은 곳 – met

멸종위기 – endangered

극복 – overcome

비참 – miserable

세대 – generation

희생 – sacrifice

공동체 – community

흐뭇하게 – heartwarmingly

독특한 – unique

문화 – culture

승화 – transcendence

간절히 – desperately

조리법 – recipe

원동력 – impetus

전망대 – observatory

설경 – snowy landscape

망원경 – telescope

전쟁기념관 – War Memorial

담은 – capture

수습 – gathering

유골 – remains

모형 – mockup

참전국 – combatant country

깃발들 – flags

무기들 – weapons

고통 – pain

이야기 요약:

노아는 할아버지를 통해서 한국전쟁에 대한 이야기를 들었다. 지금까지 휴전상태인 한국의 역사를 알게 되었다. 그 역사적인 체험을 위해서 강원도 고성으로 여행을 갔다. 가족들은 통일전망대를 통해 비무장지대와 북한 땅을 보고 전쟁기념관도 구경했다.

Summary of the story:

Noah heard stories of the Korean War through his grandfather. And he learned that Korea is still in a state of armistice until today. In order to experience such history, his family traveled to Gosung in Gangwon province. The family saw the DMZ and North Korea through the Unification Observatory and took a tour of the War Memorial.

Quiz:

1) 한국 전쟁이 언제 일어났나요?
    A. 1952년   B. 1951년   C. 1950년

1) When did the Korean War start?
    A. 1952   B. 1951   C. 1950

2) 할아버지의 고향은 어디인가요?
    A. 평양   B. 서울   C. 부산

2) What's the name of Noah's grandfather's hometown?
    A. Pyeongyang   B. Seoul   C. Busan

3) 통일전망대는 강원도 어느 지역에 있나요?
    A. 파주   B. 고성   C. 철원

3) Where is the Unification Observatory located?
    A. Paju   B. Gosung   C. Chulwon

4) 6.25전쟁기념관에서 본 것은 무엇인가요?
    A. 유엔 참전국가 국기들

    B. 통일을 위한 포스터

    C. 비무장지대 철조망

4) What did Noah's family see in the 6.25 War Memorial?
    A. Flags of UN combatant countries

    B. Posters on unification

    C. Barbed wire of the DMZ

5) 북한에 있는 산은 무엇인가요?

A. 한라산 B. 유명산 C. 금강산

5) What's the name of the mountain in North Korea?

A. Mt. Hanla B. Mt.Youmyeong C. Mt. Geumgang

Answers:

1) C 2) A 3) B 4) B 5) C

이야기 19. 대중 목욕탕
Story 19. Public Bath Houses

겨울 밤은 길었다. 밤마다 할머니는 소피아와 나를 위해 고구마를 **구워** 주셨다. 작은 고구마는 **달콤했다**. 꿀 고구마라고 할머니는 부르셨다. 맛있게 먹는 나와 내 동생을 위해 할머니는 매일 고구마를 구우셨다.

The winter nights were long. Every night, my grandma toasted sweet potatoes for Sophia and I. The small yams were **sweet**. My grandma called them honey sweet potatoes. She toasted them everyday for me and my sister, who ate them with delight.

할머니가 어렸을 때는 **화로**에 고구마를 구웠다. 그 화롯가에 모여서 아이들은 할머니의 이야기를 들으면서 고구마도 먹었다. 우리도 할머니의 옛날 이야기를 들으면서 고구마를 먹었다. 또 다른 음식은 할머니가 만든 **동치미**였다. 매운 김치는 잘 먹지 못했지만 동치미는 잘 먹을 수 있었다. 무로 만든 하얀 국물 김치였다. 할머니의 이야기 중에 대중 목욕탕에 대한 이야기를 들었다. 할머니가 살던 시대는 매일 샤워할 수 있는 목욕탕을 가지고 있는 집이 많지 않았고 **정기적인** 시간을 내어 가족들 모두 같이 대중 목욕탕을 가는 행사를 했다고 했다. 이 이야기를 들은 소피아는 우리도 주말에 그런 행사를 하고 싶다고 말했다. 옆에서 듣고 계시던 할아버지가 그러자고 하셨다.

When my grandmother was young, she toasted sweet potatoes on a **brazier**. Children gathered around the brazier and ate sweet potatoes while listening to their grandmothers' stories. We ate sweet potatoes too while listening to our grandma's stories about the past. Another food made by our grandma was called **dongchimi.** I can't eat spicy kimchi but I can eat dongchimi. It's a water-based radish kimchi. Amongst the stories shared by my grandma, I heard a lot about the public bathhouse. During my grandma's time, there weren't a lot of houses where the residents could take a bath on a daily basis, so it used to be a family event to go to the public bathhouse together on a **regular** basis. After hearing this, Sophia said that she wants to participate in such an event with our family members during the weekend. My grandpa heard her and agreed.

주말 오후, 우리 가족은 **대중** 목욕탕으로 향하고 있었다. 아빠는 어렸을 때 자주 갔었지만 나와 소피아 그리고 엄마는 처음이었다. 할머니가 사시는 동네에 오래전에 세워진 목욕탕이 있었다.

목욕탕 입구에 **도착**해서 아빠는 가족 수대로 입장료를 계산했다. 엄마와 소피아 그리고 할머니는 여탕이라고 쓰여진 문으로, 남자들은 남탕으로 들어갔다. 들어 가자 마자 탈의실이 보였다. 우리는 옷을 벗어서 각자의 사물함에 넣었다. 그리고 아빠는 반가운 미소를 띠며 거울 옆에 세워져 있는 **체중계**를 향했다. 뒤를 이어 할아버지도 재셨다. 먼저 나는 목욕탕이 있는 곳으로 문을 열고 들어 갔다. 몇 명의 사람들이 탕 속에 모여 있었다. 김이 나는 뜨거운 **탕** 속에서 사람들은 움직이지 않고 고개만 빼고 누워 있었다.

On a weekend afternoon, our family headed for the **public** bathhouse. My dad used to go there frequently when he was young but it was the first time for my mom, Sophia, and me. There was a public bathhouse in my grandma's village that was built a long time ago.

After arriving at the entrance of the public bathhouse, my dad paid the entrance fee according to the number of our family members. My mom, Sophia, and my grandma went to the women's bath while the guys went to the men's bath. Upon entering, I saw the dressing room. We removed our clothes and put them into our respective lockers. Then with a smile on his face, my dad went for the **scale** in front of a mirror. My grandpa tried the scale, too. I was the first to enter the bathhouse. There were several people inside the bath. People in the hot steamy **bath** sat motionless and relaxed with just their heads above water.

아빠는 몸을 비누로 먼저 씻은 후에 그 곳에 들어 가자고 나에게 말했다. 뜨거운 물이 담긴 탕으로 먼저 할아버지와 아빠가 들어 갔다. 나는 **머뭇거리다가** 다리로 물의 온도를 느꼈다. 뜨거워서 들어가기를 **망설이다가** 잠시 들어갔다가 나왔다. 할아버지는 몸을 완전히 그 물에 담그고 있었다. 할아버지가 말했다, "와 시원하구나." 그러자 아빠도 말했다. "네, 아주 시원합니다." 나는 아빠에게 물이 차게 느껴지는 것이 많냐고 물었다. 아빠와 할아버지가 크게 웃으셨다. 할아버지는 할머니가 만들어 주시는 국을 드시면서도 이 말을 자주 하셨다.

My dad told me to wash my body first with soap then go into the bath. My grandpa and my dad went first into the hot bath. I **hesitated** for a while before checking the temperature of the water with my legs. After **wavering** because of the hot temperature, I went into the bath but only stayed for a little while before coming out. My grandpa completely submerged his body into the water. "It's really cool," he said.

Then my dad also said, "Yes, it's very cool." I asked my dad whether or not the hot water is making him feel cold. My dad and my grandpa laughed loudly. My grandpa used to say the word "cool" a lot while eating the soup made by my grandma.

아빠의 말에 의하면 한국 사람들은 뜨거운 온도의 국을 좋아해서 그것을 먹으면서 할아버지처럼 '시원하다'라는 표현을 하다고 했다. 나는 한국말을 꽤 잘 한다. 그리고 한국에 가서 정말로 많이 **늘었었다.** 그러나 이러한 문화적 차이에서 나오는 말을 이해하기가 어려웠다. 아빠는 온탕에서 잠시 있다가 냉탕에도 들어 갔다. 아빠는 그 곳에서도 이렇게 말씀하셨다. "와 시원하다." 이 복잡한 말들을 어떻게 설명할 수 있을까?

According to my dad, Koreans love hot soup and they use the term "cool" while eating it, just like my grandpa. I'm good at Korean language, and my language skill **improved** a lot while staying in Korea. But the expressions that come from cultural differences were hard to comprehend. My dad stayed in the hot bath before going into the cold bath. And he said the same thing in the cold bath, "It's very cool." How could I possibly explain this complex expression?

그 목욕탕 안에 또 다른 작은 방 하나가 있었다. 사우나를 할 수 있는 방이었다. 그곳의 온도는 상상할 수 없는 뜨거운 온도가 그 방 전체를 **감싸고** 있었다. 할아버지와 아빠는 냉탕에서 나오자 마자 **서슴없이** 그곳을 향했다. 그리고 거기서 십 분이상을 머물렀다. 그들이 다시 나왔을 때는 몸에서 **땀**이 뚝뚝 떨어지는 것을 나는 보았다. 그들은 바로 냉탕으로 들어갔다. 그리고 나서 잠시 몸을 식힌 후에 다시 사우나로 들어 가셨다. 나는 보고만 있었다.

There was another small room within the bathhouse. It was where people could enjoy the hot sauna. The heat was beyond anyone's imagination and **enveloped** the entire room. My grandpa and my dad went to the sauna right after coming out of the cold bath **without any hesitation.** And they stayed more than 10 minutes there. When they came out, I saw their bodies covered with sweat. They went into the cold bath again. Then, after cooling off in there, they went back to the sauna. I just stood there watching them.

신기한 또 다른 **체험**으로는 거기서 일하는 한 아저씨가 나의 몸의 때를 밀어 주고 마사지도 해 주었다. 그러나 나는 이 체험은 다시 하지 않을 것이다. 아빠는 할아버지와 어렸을 때 함께 한 하나의 추억이라고 말했다. 나는 언제나 혼자 샤워했기 때문에 다른 사람이 내 몸을 닦아 주는 일은 편하지 않은 일이었다.

Another strange **experience** was that an employee of the bathhouse scrubbed off dirt and dead skin from my body along with a massage. But I won't be having this experience again. My dad said it was a nostalgic memory he had with my grandpa when he was young. However, it was uncomfortable for me to let someone wash my body as I'm used to taking a bath by myself.

몸을 다 씻은 우리는 옷을 갈아 입었던 장소로 나와 옷을 입었다. 그리고 특별한 간식을 먹었다. 식혜와 구은 달걀을 사서 먹었다. 특별한 행사를 해서 그런지 배가 고팠고 음식이 더 맛있게 느껴졌다. 한 시간 이상 우리는 그곳에 머물렀던 것으로 생각이 되어진다. 밖으로 나오니 찬 바람이 불었지만 전혀 춥지 않았다. 셋은 집으로 **향했다.** 할머니와 엄마 그리고 소피아는 따로 오기로 이미 말했다고 아빠가 말했다. 여자들은 더 많은 시간이 필요하다고 말씀하셨다. 집으로 도착해서 한 시간이 더 지나서 엄마가 도착했다. 돌아와서 소피아는 처음 갔던 목욕탕 이야기를 계속했다. 소피아에게는 알지 못하는 한국 사람들과 함께 목욕하는 것이 특별한 일이 되었던 것 같았다.

After washing ourselves, we went to our lockers and got dressed. And we ate special snacks – sikhye and roasted eggs. I was hungry after going through these new experiences and the food tasted more savory. It seemed that we stayed more than an hour in the bathhouse. Coming out of the building, the wind was cold but we didn't feel cold at all. The three of us **headed** home. My dad said my grandma, mom, and Sophia decided to go back home separately. He also said that girls needed more time. My mom arrived an hour after the guys came home. Sophia told us stories about her first experience at the public bathhouse. For Sophia, taking a bath with Koreans whom she never met before became a special experience.

요즘 한국은 **집집마다** 샤워시설을 가지고 있다. 예전처럼 많은 사람들이 대중 목욕탕을 사용하지 않을 수 있다. 뉴욕에 돌아와서 소피아가 **졸라서** 우리 가족은 한인 타운에 있는 한국 사우나에 가서 시간을 보낸 적이 있었다. 크고 어쩌면 더 편리했지만, 서울의 그 동네의 그 **분위기**와 느낌과는 달랐다. 온탕에 몸을 담그고 편안한 시간을 보내셨던 할아버지의 미소가 오늘은 많이 생각났다.

Nowadays, every house in Korea has a bath. So unlike the past, many people do not have to go to the public bathhouse. When we came back to New York, one time our family went to a Korean sauna in a Koreatown after Sophia **insisted.** It was bigger and more comfortable than the one we visited in the village in Seoul, but it had a different **atmosphere.** The image of my grandpa smiling while enjoying his time relaxing in the hot bath comes to mind a lot today.

Vocabulary:

구워 – toast

달콤했다 – sweet

화로 – brazier

동치미 – dongchimi

정기적인 – regular

대중 – public

도착 – arrive

체중계 – scale

탕 – bath

머뭇거리다가 – hesitate

망설이다가 – waver

늘었었다 – improve

감싸고 – envelope

서슴없이 – without hesitation

땀 – sweat

체험 – experience

향했다 – head

요즘 – nowadays

집집마다 – every house

졸라서 – insist

분위기 – atmosphere

이야기 요약:

노아는 가족들과 함께 대중 목욕탕에 갔다. 현대에는 한국의 가정들이 개인 샤워실을 가지고 있지만 과거에는 대중 목욕탕에서 목욕을 정기적으로 했다. 대중 목욕탕 체험을 통해 노아는 특별한 한국 문화를 접하고 있었다.

Summary of the story:

Noah went to a public bath house with his family. Korean houses are equipped with bathing facilities nowadays but in the past, people regularly used the public bathhouses. Noah was able to experience unique Korean culture through going to the public bathhouse.

Quiz:

1) 노아와 소피아가 겨울 밤에 즐겨 먹었던 간식은 무엇인가요?
    A. 구운 고구마 　　　　　　 B. 구운 감자 　　　　　 C. 구운 옥수수

1) What's the snack that Noah and Sophia enjoyed eating during the winter nights?
    A. Toasted sweet potatoes 　 B. Toasted potatoes 　　 C. Toasted corns

2) 옛날 할머니들은 화롯가에서 아이들에게 무엇을 해 주었나요?
    A. 머리 빗겨 주기 　　　　 B. 이야기 들려주기 　　 C. 불 쬐기

2) What did grandmothers do for the children at the brazier in the old times?
    A. Comb their hair

    B. Share stories

    C. Let them enjoy the warmth from the fire

3) 노아가 목욕탕에서 경험한 것을 모두 고르세요.
    A. 식혜와 구운 달걀 먹기 　 B. 온탕에 들어 가기 　　 C. 사우나에 들어가기

3) Select all the things that Noah experienced in the public bathhouse.
    A. Eating sikhye and roasted eggs

    B. Going into a hot bath

    C. Going to the sauna

4) 몇 명의 노아 가족이 대중 목욕탕을 갔나요?
    A. 한 명 　　　　　　　　 B. 세 명 　　　　　　 C. 여섯 명

4) How many people in Noah's family went to the public bathhouse?
    A. One 　　　　　　　　　 B. Three 　　　　　　 C. Six

Answers:

1) A　　　2) B　　　3) A and B　　　4) C

이야기 20. 한국 전통 결혼식
Story 20. A Traditional Korean Wedding

나는 할아버지와 서울역에서 부산으로 가는 KTX**열차**를 탔다. 그 다음 날 열릴 작은 할아버지의 아들 결혼식을 위한 것이었다. 대부분의 한국 사람들은 **서양식**으로 결혼을 한다. 그러나 부산에서 내가 본 결혼식은 한국 **전통** 결혼식이었다.

I rode the KTX **train** from Seoul station to Busan station with my grandpa. It was for us to attend the wedding of my grandpa's son which would be held the next day. Most Koreans go for **Western** weddings. However, the wedding I attended in Busan was a **traditional** Korean wedding.

기차를 타기 전, 할아버지는 서울 역 매점에서 간식 하나를 나에게 사 주셨다. 천안 호두 과자였다. 과자라기 보다는 속 안에 **호두**를 넣은 작은 빵과 같았다. 나는 먹을수록 그 과자의 맛에 **빠져 버렸다**. 지금도 가끔 그것을 먹고 싶을 때가 있다. 아빠가 한국의 기차여행에 대한 추억을 말할 때가 있었다. 그가 여행할 때만 해도 기차를 타면 판매원들이 카트에 든 간식을 팔았다. 아빠는 어렸을 때, 삶은 달걀과 오징어 그리고 음료수를 사 먹으면서 가는 **낭만적인** 기차여행을 추억으로 가지고 있다. 최근 스낵 카트는 스낵머신으로 바뀌었다.

Before onboarding the train, my grandpa bought me a snack in a Seoul station food court. It was a Cheonan walnut cookie. Rather than a cookie, it resembled a small pastry with a **walnut** inside. As I ate it, I was **captivated** by its flavor. Even now, there are times that I want to taste it again. One time dad shared his experiences traveling via train in Korea. When he used to travel, there were people selling snacks on carts in the train. When my dad was young, he enjoyed **romantic** train trips where he had boiled egg and squid along with soft drinks. Recently, the snack carts have been replaced with snack machines.

할아버지가 한 살 때 한국 전쟁이 났고 가족 모두 부산으로 **피난**을 왔다. 지금은 할아버지의 형제들만 부산에서 살고 있다. 할아버지는 대학 입학을 하면서 서울로 왔다. 그가 부모님이 계신 부산을 방문하려면 그때는 여섯 시간 **이상** 걸렸다고 했다. 고향을 방문하는 것이 쉽지 않았을 것 같았다. 할아버지는 결혼한 후, 그의 어머니와 아버지를 서울로 모셔 왔다. 20년 이상을 증조 할아버지와 증조 할머니는 할아버지 집에서 같이 사셨다.

The Korean War broke out when my grandpa was one year old, and all of his family **took refuge** in Busan. Currently, only my grandpa's brothers live in Busan. When my grandpa got accepted into a university, he moved to Seoul. He said that it took **more than** six hours for him to travel to Busan, where his parents stayed. It must have been difficult for him to visit his hometown. After getting married, my grandpa had his parents live with him in Seoul. And my great-grandparents lived in my grandpa's house for more than 20 years.

할아버지와 나는 부산 해운대 역에서 내렸다. 부산은 아름다웠다. 어느 곳에서나 바다 냄새를 맡을 수가 있었다. 부산은 한반도의 **동해** 그리고 **남해**와 **접해 있다.** 부산은 '가마 **솥**을 엎어 놓은 모양의 산'이라는 뜻이다. 해운대 해수욕장은 부산의 유명한 장소로 알려져 있다. **피서** 때 여름 바다를 찾는 많은 사람들이 부산 해운대를 찾는다고 한다.

My grandpa and I got off at Haeundae station in Busan. It was a beautiful city. You could smell the sea everywhere in the city. Busan is **bounded by** the **East Sea** and the **South Sea** of Korea. Its name comes from the fact that it looks like a mountain with a **caldron** upside down on its top. Haeundae Beach is a famous spot in Busan. During **summer vacation**, a lot of people looking to relax at the beach come to Haeundae Beach in Busan.

우리는 예약한 호텔로 들어 갔다. 바다의 아름다운 경치가 호텔 창문에서 다 보였다. 어느 식당에서 할아버지가 좋아하는 장어 **덮밥**으로 저녁을 먹었다. 식당마다 **해산물**로 만든 음식들이 가득하였다.

We went to the hotel we had booked. A beautiful view of the sea could be seen from the hotel window. In a restaurant, we ate **bowls of** boiled eel and **rice** which is my grandpa's favorite. Every restaurant served dishes made with **seafood.**

밤 열 시가 다 되어서야 서울에서 우리 가족이 도착했다. 소피아는 오자 마자 아빠에게 바닷가로 가자고 **졸랐다.** 엄마와 나도 함께 나가야 했었다. 소피아는 차가운 바다 속에 그녀의 발을 담갔다. 소리 지르면서 발을 뺐다. 언제나 그녀는 먼저 행동을 하는 **경향**이 있다. 엄마와 아빠는 손을 잡고 계속 걸었다. 나는 그 아름다운 모습으로 사진을 찍었다. 그 바닷가에서 우리는 자유롭게 시간을 보내고 있었다.

It was nearly 10 pm when our family arrived from Seoul. Upon her arrival, Sophia **pestered** dad to go to the beach. Mom and I had to go with her. Sophia dipped her feet into the cold ocean water. And she shrieked as she pulled her feet out. She always has a **tendency** to act first. My mom and dad held hands and kept walking along. I took a photo of that lovely image. We enjoyed our time freely at the beach.

다음날 아침, 우리는 결혼식에 참석하기 위해 출발했다. 결혼식장은 작은 할아버지 집 근처에 있는 **향교**였다. 다행히 바람이 불지 않는 따뜻한 날씨였다. 야외 결혼식장으로 들어갔다. 아름다운 국악 연주가 흘러 나오고 있었다. 예전에 듣지 못한 한국의 전통 음악이었다. 마치 타임머신을 타고 다른 시대로 들어 온 듯 했다. 아빠와 함께 **사극**을 보았을 때 들었던 음악과 같았다. 궁 안에서 왕과 왕비들이 춤추며 잔치를 할 때 음악이었다.

The next morning, we headed out to attend the wedding. It was in a **Confucian school** nearby my grandpa's younger brother's house. Fortunately, the weather was warm and it wasn't windy. We entered the outdoor wedding wall. Gorgeous Korean traditional music was playing as we entered. It was unlike other Korean traditional music we've heard before. It was as if we had got in a time machine and entered a different era. It was similar to the music I had heard while watching a **historical drama** with my dad. Such music was played when the king and the queens danced in a banquet inside the palace.

먼저 신랑은 사람들이 끄는 가마를 타고 입장했다. 그의 옷은 호랑이 **관복**이었다. 신랑은 기러기 한 쌍을 **초례상** 위에 놓고 큰 절을 했다. 신부는 예쁜 가마를 타고 들어왔다. 연지 곤지를 찍은 신부는 화려한 한복을 입고 있었다. 할아버지는 나에게 그 옷에 대해서 설명해 주었다. 그 옷은 공주가 궁중에서 입는 **예복**이라고 했다. 신랑과 신부는 큰 절을 했다. 그들은 술잔을 하늘로 잠시 올려서 **서약**하고 나서 땅을 향하여도 사랑의 서약을 했다. 그리고 그들이 서약한 그 술을 각자 마셨다.

그 이후에도 신랑과 신부는 절을 계속 했다. 마지막으로 사람들 앞에서 결혼이 **성사**되었음을 알리자 다시 큰 절을 했다.

The groom entered the hall in a palanquin carried by people. He was wearing a **traditional official uniform** with a tiger imprint. The groom put a pair of geese on the **ceremonial wedding table** and made a deep bow. The bride entered in a beautiful palanquin. She wore the traditional Korean wedding rouge as her makeup and a fancy hanbok. My grandpa explained to me about her clothes. What she wore was a **formal dress** worn by a princess in the palace. Both the groom and the bride made a deep bow. And they **made an oath** to the sky while lifting the glasses filled with rice wine, and then they made another oath of love to the earth. After that, they drank the rice wine which they made an oath upon. The groom and the bride bowed again. And as their marriage was **completed** in front of the people, they made a last deep bow.

예식이 끝나자 우리 가족은 친척들과 인사를 나누었다. 할머니는 친척들에게 다가가서 자랑스럽게 소피아와 나를 소개해 주었다. 오랜만에 만나는 친척과 이야기하느라고 흥분되어 있는 아빠의 모습이 보였다. 엄마도 많은 사람들과 인사하면서 오늘의 행사를 즐기는 것처럼 보였다.

As the wedding ended, my family met up with our relatives and exchanged greetings with them. My grandma went to our cousins and proudly introduced Sophia and I to them. I saw my dad excited from talking with our relatives whom he hadn't seen for a long time. My mom seemed to enjoy the day's event as she spoke with a lot of people.

피로연은 언제나 즐거운 시간인 것 같다. 전통 결혼식 역시 그랬었다. 잡채, 떡, 갈비탕, 전 등의 많은 음식들이 상에 가득 차려졌다. 할머니가 우리를 위해 만들어 주신 음식들이 그곳에 다 있었다.

The **wedding reception** is always a good time. And it's the same with a traditional wedding. A lot of food such as japchae, tteok, galbitang, and jeon filled the table. All the food our grandma made for us was there.

우리는 일요일 밤에 서울로 출발했다. 운전하시는 아빠 옆에 내가 탔다. 우리들은 신기한 전통 결혼식 이야기를 차 안에서 했다. 소피아가 아빠에게 말했다. "나도 저렇게 결혼하고 싶어요. 결혼식 한복이 너무 예뻤거든요. 저도 꼭 입고 싶어요. 하지만 웨딩 드레스도 입고 싶어요. 전 서양식으로도 할 거예요. 아마도 결혼식을 두 번 해야 하겠어요."

We left for Seoul on Sunday evening. I sat next to my dad, who was driving. We talked about the marvelous traditional wedding. Sophia to my dad, "I want my wedding to be like that. The hanbok worn in the wedding was so beautiful. I want to wear it. But I also want to wear a wedding dress. I want to have a Western wedding, too. Maybe I'll hold the wedding ceremony twice."

그러자 할머니가 말씀하셨다, "소피아 결혼은 한 번 만 하고 결혼식은 두 번하겠다는 거지? " 할머니의 물음에 가족 모두는 크게 웃었다.

나는 아빠에게 말했다. "한국전통 결혼식이 서양의 결혼식과 많이 다르네요. 어쩌면, 두 사람의 사랑의 **약속** 보다는 가족과 이웃들에게 대한 결혼을 알리는 것에 더 중요성을 둔 것 같아요. 아빠 생각은 어떤 가요?" 아빠가 나의 대답을 들으시면서 고개를 끄덕였다.

Then my grandma said, "So you want to have two wedding ceremonies but get married just once, Sophia?" Our family laughed loudly after hearing my grandma's question.

I said to my dad, "The traditional wedding ceremony in Korea is very different from the Western style. Perhaps it places more importance on announcing the marriage to the family members and neighbors than on the **vow** of love between the groom and the bride. What do you think, dad?" He nodded while listening to my opinion.

"그런 것 같다. 전통 한국 문화는 어떤 경우에는 가족 전체의 유익을 위해 개인에게 희생을 요구할 때도 많았다고 생각한다. 물론 지금은 많은 **변화**를 가지고 왔지. 지금 젊은 세대들에게 전통적인 한국인의 문화를 찾기는 어려운 것 같다." 나는 아빠의 이야기를 모두 이해할 수 없었다. 하지만, 아빠와 함께 하는 그날 밤의 시간은 잊기 어려울 것 같았다.

"It seems so. I believe that traditional Korean culture often requires sacrifices of an individual for the benefit of the entire family. Of course, there have been a lot of **changes** in modern times. It's hard to find the traditional Korean culture among the young generation." I wasn't able to understand my dad's opinion fully. However, it's hard to forget that night that I shared opinions with my dad.

Vocabulary:

열차 – train	호두 – walnut	피난 – take refuge
서양식 – Western	빠져 버렸다 – captivate	이상 – more than
전통 – tradition	낭만적인 – romantic	동해 – East Sea

남해 – South Sea

접해 있다 – bound by

솥 – caldron

피서 – summer vacation

덮밥 bowl of – with rice

해산물 – seafood

졸랐다 – pester

경향 – tendency

향교 – Confucian school

사극 – historical drama

관복 – fficial uniform

초례상 – ceremonial wedding table

예복 – formal dress

서약 – oath

성사 – complete

피로연 – wedding reception

약속 – vow

변화 – change

이야기 요약:

노아와 할아버지는 기차로 친척 결혼식을 위해 부산으로 갔다. 기차에 관한 이야기를 할아버지에게 들었다. 서울에 있는 다른 가족들도 밤에 부산에 도착했다. 해운대에서 특별한 밤을 보내고 이튿날 가족들은 한국전통 결혼식에 참석 하셔서 독특한 문화적 체험을 하였다.

Summary of the story:

Noah and his grandpa went to Busan by train to attend the wedding of their relatives. Noah heard stories about the train from his grandpa. Noah's family members in Seoul arrived in Busan at night. After spending a special evening at Haeundae, the family members attended a traditional Korean wedding the next day and had a unique cultural experience.

Quiz:

1) 노아는 할아버지와 부산을 가기 위해 탄 기차의 이름은 무엇인가요?
   A. KTX열차   B. 무궁화 열차   C. 새마을호

1) What's the name of the train that Noah and his grandpa took to go to Busan?
   A. KTX train   B. Mugunghwa train   C. Saemaeulho train

2) 할아버지가 노아에게 서울역에서 사 준 간식은 무엇인가요?
   A. 우동   B. 케이크   C. 호두과자

2) What's the name of the snack that Noah's grandpa bought for Noah at Seoul station?
   A. Udon   B. Cake   C. Walnut cookie

3) 노아와 할아버지가 도착한 장소는 어디인가요?
   A. 광주역   B. 해운대 역   C. 부산역

3) What's the name of the place where Noah and his grandpa arrived?
   A. Gwangju Station   B. Haeundae Station   C. Busan Station

4) 전통 결혼식은 어디에서 열렸나요?
   A. 공원   B. 야외공연장   C. 향교

4) Where did the traditional wedding take place?
   A. A park   B. An outdoor stage   B. A confucian school

✖ ✖ ✖

Answers:

1) A   2) C   3) B   4) C

이야기 21. 한국 여성으로 사는 것
Story 21. Living as a Korean Woman

나는 올리비아, 뉴저지에서 태어났다. 지금은 **복잡하고 분주한** 도시 맨하튼에서 살아가고 있다. 우리 부모님은 뉴저지에서 여전히 살고 계신다. 남편 제임스는 중학교 때 미국으로 **유학**을 왔고, 뉴저지에 있는 고등학교에 다녔다. 그곳에서 같은 반 친구로 우리는 만났다. 제임스는 언제나 **열정**이 넘치는 친구였고, 특히 수학을 잘하는 똑똑한 학생이었다. 가족 없이 혼자 미국으로 유학을 왔지만 그는 행복한 에너지를 가진 사람으로 보였다. 부모님의 수고를 생각하며 열심히 공부할 것을 다짐한다고 그는 늘 말했었다. 또한 미국에서 꿈을 이루어 성공하고 싶다는 이야기를 자주 하곤 했다. 가족을 위해 개인의 삶의 **목표**를 세우는 제임스의 말은 내가 이해하기는 힘들었다. 그가 특별한 생각을 가졌다고 생각했다.

My name is Olivia and I was born in New Jersey. I'm currently living in the **complex and bustling** city of Manhattan. My parents still live in New Jersey. My husband James came to the US **to study abroad** when he was in middle school and he attended high school in New Jersey. We met as classmates there. James was always a **passionate** type of friend and he was smart, especially excelling in mathematics. He came to study in the states alone without his family but he seemed to be filled with a positive vibe. He always said that he swore to study hard for the troubles he caused his parents. He also often talked about how he wanted to fulfill his dreams in America. It was difficult for me to understand what James said about how he set his personal **goals** for the sake of his family. I regarded him as a person with a unique way of thinking.

그가 가족 없이 지내는 것을 생각하며 우리 부모님은 주말이면 그를 **초대**해서 함께 식사를 하였다. 우리 부모님은 그를 정말 좋아했다. 우리가 결혼 한 후, 엄마는 그때부터 마음 속으로 제임스가 나의 남편이 되길 바랐다고 말했다. 그와 함께 한 **학창시절**은 내 인생에 있어 소중한 시간들이라고 나는 여겨진다.

Thinking of James staying in America without his family, my parents **invited** him for meals on the weekends. My parents really liked him. After we got married, my mom told me that in her heart she had wanted James to be my husband ever since then. My **school days** with him were a precious moment in my life.

우리는 고등학교를 졸업하고 대학을 가게 되었다. 나는 뉴욕시에 있는 **사립대학**을, 제임스는 필라델피아에 있는 **주립대학**으로 갔고, 우리는 오래 동안 만날 수 없었다. 아마도 우리 각자의 생활에만 집중했었던 것 같다. 가끔 전화로 통화를 했지만, 그것은 일 년에 한 번 정도였다. 대학을 졸업한 후, 나는 맨하튼에서 디자이너로 **취직**을 하게 되었다. 바라던 직장에 취직해서 행복했지만 고단한 **업무**로 지쳐가고 있었을 무렵이었다. 어느 날 갑자기 한 통의 전화를 받았다. 제임스였다. 내가 일하는 곳에서 멀지 않는 곳에 있다고 그가 말했다.

We graduated high school and went to college. I went to a **private university** in New York while James went to a **state university** in Philadelphia and we were not able to meet for a long time because we were too busy living our lives. We talked sometimes over the phone but that was only about once a year. After graduation, I **got a job** in Manhattan as a designer. I was happy to get the job I wanted but I was gradually getting exhausted from the tiresome **work**. One day, I got a phone call. It was James. He said that he was near my workplace.

그를 만나니 기뻤다. 그는 더 멋진 청년이 되어 있었고 맨하튼에서 일하게 되었다고 그가 말했다. 그 만남 이후로 우리는 친구 관계에서 **연인 관계**로 변화 되었다. 몇 년 간의 데이트 끝에 우리는 결혼하게 되었다. 일을 열심히 하고 가정에게도 헌신적인 그를 나는 참 좋아한다. 비록 미국에 살고 있지만, 한국 남자와 결혼했기 때문에 나는 한국 문화에 많은 관심과 지식을 **접해** 왔다. 코리언 타운에 놀러 가고 이민 온 한국 사람들 과도 교제했다. 그렇지만 여전히 한국 말은 나에게 어렵다.

I was happy to see him. He said he had become a better man and got a job in Manhattan. After our meeting, our relationship progressed from a friendly relationship to a **romantic**

relationship. After a few years of going out, we finally got married. I really liked James because he worked hard and was so devoted to his family. Although I was living in the states, because I was married to a Korean I got interested in Korean culture and **learned** a lot. We visited Koreatown and established friendly relationships with Korean immigrants. However, the Korean language was still a tough nut to crack for me.

결혼 후, 우리 가정에 노아 라는 천사가 찾아 왔다. 나와 남편을 반 씩 **닮은** 노아의 탄생은 나에게 많은 변화를 가져 왔다. 나는 매일 가야 하는 직장을 그만 두어야 했고 프리랜서로 일하게 되었기 때문이었다. 그 다음 해에 딸 소피아를 얻었다. 그 해 여름 우리는 부모님께 아이들을 보여 주기 위해서 한국을 방문 했다. 처음 방문하면서 느낀 점은 **정**이 참 많은 나라라고 생각했다. 하지만 짧은 두 주간의 여행은 **아쉬운** 마음만 남긴 채 집으로 돌아 왔다. 다시 십 년 만의 **한국 방문**은 그래서 더욱 의미가 있었다. 그리고 일 년 동안을 제임스의 부모님과 같이 우리 가족이 살기로 한 것은 정말 어마 어마한 계획이었다. 제임스가 일 년의 특별한 시간을 이야기 했을 때 나는 너무 기뻤다. 나 뿐만 아니라 아이들에게 아주 좋은 시간이 될 것이라고 생각되었기 때문이었다.

After our marriage, an angel named Noah came to our family. The birth of Noah, who half **resembles** his father and half me, brought a lot of changes into my life. I had to quit my job and become a freelancer. In the following year, Sophia came to our family. During that year, we visited Korea for James' parents to see our children. What I felt during my first visit was that Korea is a **warmhearted** country. It was a shame that I had to return to the States after a short two-week visit. And that's why my first **visit to Korea** in 10 years meant a lot to me. Our plan to live in Korea with James' parents for a year was a game changer. When James came up with the plan, I was really delighted. I believed that it would be great for our children.

한국에 도착한 우리 가족은 시부모님 집에서 지내게 되었다. 맛있는 요리를 해 주시는 시어머니와 늘 무엇이든 친절하게 설명해 주시는 시아버지 **덕분**에 우리의 삶은 즐겁기만 했다. 시누이가 주말 동안 방문한 적이 있었다. 여러 이야기를 나누다가 한국 여성에 대한 이야기를 하게 되었다. 시누이는 **여성학**을 가르치는 교수로 일하고 있고 나를 위해 영어로 이야기 했으므로 우리의 대화는 불편하지 않았다. 전통 한국의 여성들은 결혼을 하면 남편의 집에 들어 가서 살아야 했고 이것을 **시집살이**라고 부른다. 그러나 **산업화**가 되면서 한국은 **대가족**에서 **핵가족**으로 변화 하였고 지금은 대가족의 **가족 형태**는 사라지고 있다고 했다. 특히, 며느리와 시어머니의 갈등은 독특한 한국 문화를 보여 주고 있다고 생각했다. 시집 간 한국의 여성은 그녀의 가족 뿐만 아니라 시부모님과 남편의 형제들을 위해서 **헌신**해야 했고 그러한 어려운 삶 가운데서 **과중한** 집안 일 뿐만 아니라 시어머니의 **정신적 갈등**으로 **고난**을 겪어 왔다는 것이었다. 따라서 한국 여성의 '한'의 문화는 세계 **용어 사전**에도 등록 되어 있다고 한다. 한이라는 단어는 "몹시 원망스럽고 억울하거나 안타깝고 슬퍼 응어리진 마음"이라는 뜻이라고 한다. 시누이는 이러한 문화는 여성들이 **겪은** 어려움과 트라우마가 되기도 했지만 이 국가가 발전하는데 원동력을 주는 에너지가 되었을 수도 있다고 주장했다. 지금은 많은 것이 변화하고 있다고 그녀는 말했다. 여성들이 그들의 삶을 고치고 변화하려고 노력했기 때문이라고 말했다.그리고 그 어느 것 보다 교육의 힘은 많은 것을 변화시켜 왔다. 그러나 시어머니가 며느리의 눈치를 보는 시대가 되었다고 시어머니들은 **불평**을 하곤 한다고 했다.

Our family arrived in Korea and started living in the home of our parents-in-law. **Thanks to** our mother-in-law, who was a great cook, and our father-in-law, who always explained things to us kindly, our life in Korea was filled with happiness. There was a time when our sister-in-law came to visit us on the weekend. After talking about various things, we began talking about the life of a Korean woman. My sister-in-law worked as a professor in **women's studies,** and she spoke to me in English so our conversation went smoothly. In the past, Korean women had to live with the family of their husbands after the marriage and it was called **patrilocality**. However, after the **industrialization**, the family cluster in Korea changed from an **extended family** to a **nuclear family** and the **culture of living** as extended families gradually diminished. In particular, the conflict between a wife and her mother-in-law showed the unique Korean culture to me. A married Korean woman had to become **devoted** not just to her own family but also to her parents-in-law and the siblings of her husband, and in the midst of such a hard life, she usually suffered from **demanding** household chores and **psychological conflicts** with her mother-in-law. Therefore, the term "Han" among Korean women has also found its place in the world's **vocabulary**. The word "Han" refers to "a grieving heart filled with mortification and sadness due to resentful situations." My sister-in-law said that while such a culture was the cause of hardships and traumas which Korean wives **experienced**, it may have also been the driving force which fueled the country's development. She also said that a lot of things are changing in modern times. It was because Korean women are doing their best to change and improve their way of life. The power of education more than anything has brought a lot of changes, and mother-in-laws sometimes **complain** that it's now their turn to become wary of their daughters-in-law.

세계 어느 여성이든 한 인간으로 귀한 사명을 가지고 태어났다고 나는 생각한다. 그 중에서 자녀를 낳고 기르는 독특한 사명은 아무리 많이 강조해도 지나치지 않다고 생각한다. 만약 시어머니처럼, 사랑하는 아들 노아를 먼 타국으로 보낼 수 있었을까? 나는 할 수 없었을 것 같았다. 시어머니는 아들의 미래를 위해 **인내**하시며 기도하셨다.

같은 여성으로서 그 시어머니를 존경한다.. 그러나 나는 아들의 성공 보다는 함께 지내는 이 현재의 시간을 지키고 싶다. 물론 아들이 가야 한다면 다시 생각해 볼 일일 것이다.

I believe that all women in the world were born with an important destiny as human beings. Their unique mission of bearing and raising children is indeed significant and cannot be over-emphasized. I asked myself if I could send my loving son Noah abroad, just like my mother-in-law did. I believe I couldn't make such a decision. My mother-in-law **persevered** and prayed for the future of her son. As a woman, I **respect** her. But I want to keep my current life living with my son rather than sending him abroad for his future. However, if my son decides to go, I would reconsider my view.

❁ ❁ ❁

Vocabulary:

복잡하고 분주한 – complex and bustling

유학 – study abroad

열정 – passionate

목표 – goal

초대 – invite

학창시절 – school days

사립대학 – private university

주립대학 – state university

취직 – get a job

업무 – work

연인관계 – romantic relationship

접해 – learn

닮은 – resemble

정 – warmhearted

덕분 – thanks to

여성학 – women's studies

시집살이 – patrilocality

산업화 – industrialization

대가족 – extended family

핵가족 – nuclear family

헌신 – devote

과중한 – demanding

정신적 갈등 – psychological conflict

고난 – hardship

용어 사전 – vocabulary, lexicon

겪은 – experienced

불평 – complain

인내 – endure

존경 – respect

이야기 요약:

올리비아는 미국에서 태어난 여성이다. 고등학교 때 제임스를 친구로 만나고 성인이 되어서 결혼했다. 올리비아는 그녀의 가족과 한국을 방문해서 일년의 시간을 보내게 되었다. 시누이와의 대화를 통해 그녀는 전통 한국여성의 문화와 달라지고 있는 여성의 문화를 알게 되었다.

Summary of the story:

Olivia was born in the States. She became friends with James during high school and got married to him when she became an adult. Olivia visited Korea with her family and spent a year there. Through her conversation with her sister-in-law, she learned that the women's culture in Korea was changing from how things were in the past.

Quiz:

1) 올리비아는 어디에서 태어났나요?
   A. 시카고　　　　　　 B. 맨하튼　　　　　　 C. 뉴저지

1) In which state was Olivia born?
   A. Chicago　　　　　　 B. Manhattan　　　　　　 C. New Jersey

2) 제임스가 고등학교시절 누구와 같이 살았나요?
   A. 올리비아 가족과 함께
   B. 제임스의 가족과 함께
   C. 제임스 혼자

2) With whom did James live with during his high school period?
   A. With Olivia's family　　 B. With his own family　　 C. By himself

3) 제임스는 대학을 졸업한 후에 어디에서 일하게 되었나요?
   A. 필라델피아　　　　　　 B. 버지니아　　　　　　 C. 맨하튼

3) Where did James get a job after graduating from university?
   A. Philadelphia　　　　　　 B. Virginia　　　　　　 C. Manhattan

4) 한국 전통 여성들이 가지고 있었던 응어리진 마음을 무엇이라고 부르나요?

    A. 정   B. 한   C. 얼

4) What's the term in Korean for describing grieving hearts which traditional Korean women had in the past?

    A. Jung   B. Han   C. Earl

❈ ❈ ❈

Answers:

    1) C   2) C   3) C   4) B

이야기 22. 제주도 가족 여름 휴가
Story 22. My Family Summer Vacation in Jeju Island

장마 때문에 주부로 서울에서 지내는 것이 많이 힘들다고 느끼고 있었다. 매일 내리는 비로 빨래는 잘 마르지 않았고, 심지어 **두꺼운** 옷에서는 **곰팡이** 냄새가 났다. 집에 **탈수기**는 있었지만, **건조기**가 없었기 때문에 완전히 마르지 않았다. 주말이면 나와 남편은 동네에 있는 **빨래방**을 찾아 가곤 했다. 더군다나 시어머니와 달리 나는 부엌에서 가족의 식사를 준비할 때면 땀이 흘러서 힘들었다. 시아버지가 이런 나의 **모습**을 보고 계실 때면 **외식**하기를 **제안**하셨고 우리는 특별한 저녁 식사 시간을 가질 수 있었다. 가장 기억에 남는 음식은 **한정식**이었다. **궁중**에서 먹었던 음식으로 상 위에 열 가지 이상의 반찬이 한 번에 나왔다. 너무 많이 나온 음식때문에 먹기도 전에 이미 배가 부른 느낌이었다.

I felt that it was difficult to live in Seoul as a housewife during the rainy season. The laundry didn't dry well because of the rain that poured down everyday, and the clothes with **thick** fabrics started smelling like **mold**. I had a **spin dryer** that squeezed the water out at home but not a **hot-air dryer** so the clothes weren't fully dried. So during the weekend, my husband and I went to our neighborhood **laundromat**. Moreover, unlike my mother-in-law, I had a hard time when preparing dishes for our family in the kitchen because I was sweating all over. When my father-in-law saw me in such a **state** he would **suggest** we **eat out**, and we would have a special dinner that day. Among the foods that I ate, **Hanjeongsik** left a lasting impression. It's a set of dishes served in the palace for the royals, so there were more than 10 types of dishes served at once. There was so much food being served, I already felt full even before I ate.

제임스는 8월 첫째 주간에 제주도 가족 여행을 계획하고 있었다. 제임스의 남동생 가족과 누나의 가족 모두가 휴가를 낼 수 있었기 때문이었다. 우리 가족 여섯 명과 제임스의 남동생 가족 세 명 그리고 제임스의 누나 가족 세명은 모두 열 두 명이었다. 우리 모두는 제주도로 여름 **휴가**를 가기로 계획하였다. 이 소식을 듣고 노아와 소피아는 기뻐했고 시부모님은 **만족한** 표정을 짓고 계셨다.

James was planning a family trip to Jeju Island the first week of August. That's the only time when James' brother's and sister's families were both free. There were a total of 12 people, including six from our family and three each from James' brother's and sister's families. We all came to a decision to spend our summer **vacation** on Jeju Island. After hearing this wonderful news, Noah and Sophia were delighted and our parents-in-law looked **pleased**.

휴가의 첫날 아침 일찍, 우리는 김포 국내 공항으로 향했다. 제임스의 남동생 가족과 누나 가족을 만나서 공항에서 같은 시간의 비행기를 탈 계획으로 비행기 표를 **예약**했었다. 그러나 인생은 계획한 대로 이루어지지 않는다는 것을 깨닫는 일이 생겼다. 다른 가족은 먼저 제주도로 갔고 우리 가족은 오후 늦게야 제주도에 도착할 수 있었다. 제주도는 서울에서 비행기로 한 시간도 채 걸리지 않는 **거리**지만 우리 차는 공항으로 가는 길에 교통 사고가 난 것을 보아야 했다. 내가 타고 있던 차의 몇 백 미터 앞에서 사 중 **충돌** 사고가 일어 났고 약속한 시간까지 갈 수가 없었다. 두 시간이 지난 후에 우리는 비행기를 탔다.

In the early morning of our first day of vacation, we headed for the Kimpo Domestic Airport. After meeting with James' brother's and sister's families, we planned on making a flight **reservation** in the airport so that we could be on the same flight as them. However, life doesn't go as planned, I discovered. James' brother's family and his sister's family ended up going to Jeju Island first, and our family was able to arrive only late in the afternoon. Jeju Island is only one hour **away** from Seoul by plane, but we encountered a car accident on the way to the airport. The car **crash** happened a few hundred meters ahead of our car and that delayed our arrival. We managed to get on the plane two hours later than our original plan.

제주도에 도착하니 서울에서 보지 못했던 **야자수** 나무를 보니 색다른 **자연 환경**에 즐거워졌다. 제주도는 하와이와 같은 한국의 **휴양 섬**이다. 화산 활동으로 형성된 **화산**

섬으로 섬 중심에 한라산이 솟아 있다. 섬 곳곳에는 삼백 칠십 여개의 기생 화산이 있다고 한다. 특이하게도 해안은 화산 활동 때문에 몇 몇의 **모래사장**을 제외하면 까만 바위 해안이다. 우리는 제주 공항에서 차를 타고 한 시간 가량 운전하여 **숙소**가 있는 서귀포로 이동하고 있었다. 서귀포는 제주도의 가장 남쪽에 위치하고 있는 도시이다. 가는 길 내내 해안가의 아름다운 바다의 **절경**은 나의 시선을 빼앗고 있었다. 에메랄드 빛깔의 바다, 시원한 바람, 그리고 하얀 모래 대신의 **까만** 바위들을 바라보면서 소피아와 나는 기뻐서 소리 질렀다. 예약했던 리조트에 도착하자 가족들이 우리를 반가이 맞아 주었다. 숙소 안의 한라산에서 내려온 물로 채워진 수영장에서 놀고 있던 조카들은 노아와 소피아가 도착하자 **열렬하게** 환영했다. 오후 내내 그들은 수영장에서 즐거운 시간을 보내고 있었다. 또한 실내와 연결된 미니 스파에서 시어머니와 노아의 고모는 이야기를 나누며 휴식을 취하고 있었다. 남자들은 뒤 쪽 정원에 있는 바비큐 장에서 고기를 구우며 이야기를 나누었다. 나는 풀장으로 실내 미니 스파로 그리고 바베큐 장을 계속 이동하며 그들과 이야기 했다. 고기 굽는 냄새와 아이들의 즐거운 웃음 소리가 어울린 그 **분위기**에 취해 있었다.

After arriving at Jeju Island, I saw **palm trees**, which we never saw in Seoul, and I was delighted to see a totally new natural **environment.** Jeju Island is Korea's **resort island,** like Hawaii is to the U.S. Mt. Hanla stood tall in the middle of the island as Jeju Island is a **volcanic island** formed through volcanic activity. It is said that there are more than 370 volcanic cones around the island. Strangely, the coast was decorated with black rocks due to volcanic activity and there are only a few sandy beaches. It was an hour's drive to Seogwipo, where our **accommodation** was located. Seogwipo is a city located in the southernmost region of Jeju Island. On the way, the **breathtaking view** of the sea along the coast really caught my eye. Looking at the emerald ocean and the **black** rocks instead of white sand, and feeling the cool breeze, Sophia and I shouted with joy. Upon our arrival at the resort we had booked, our family greeted us. My nephews were playing in the swimming pool at our hotel, which was filled with water streaming down from Mt. Hanla, and they gave Noah and Sophia an **enthusiastic** welcome. The children were having a good time at the pool all afternoon. And my mother-in-law and sister-in-law were enjoying the indoor mini-spa while sharing stories. The guys were chit-chatting while cooking meat on the barbecue in the back garden. I moved from the swimming pool to the indoor mini-spa and then the barbecue area and enjoyed conversation with them all. I was intoxicated by the **vibe** from the smell of grilling meat and the joyful laughter of the children.

둘째 날 아침, 우리는 숙소에서 가까운 바다인 표선 해수욕장으로 향했다. 화창한 날씨 속에서 파란 하늘과 야자수가 나를 안아주는 듯 했다. 이 해수욕장은 가장 넓은 **백사장**으로 유명하다고 한다. **만조** 시에는 조용한 호수를 연상케 하고 **썰물** 시에는 전체 면적이 백사장으로 바뀐다고 한다. 우리가 도착한 그 시간은 넓은 백사장이 드러나서 자유롭게 쉴 수 있었다. 모두 하루 종일 바닷가에서 놀았다.

In the morning of our second day on Jeju Island, we headed for Pyosun Beach, the closest coastal area to our resort. The blue sky and the palm trees seem to embrace me in the sunny weather. Pyosun Beach is known as the largest **sandy beach**. It resembles a tranquil lake during **high tide** and it turns into a wide, sandy beach during the **low tide**. When we arrived there, it was during the low tide so we were able to enjoy its white sand beach. Everyone had fun all day long at the beach.

셋째날의 아침은 비가 조금씩 내리고 있었다. 바다 낚시를 하러 가기로 했지만 멀미가 무서웠던 시어머니와 노아의 고모 그리고 외숙모는 실내에서 관람할 수 있는 본태 **미술관**을 향해 출발했다. 나머지 식구들은 배 낚시를 위해 바닷가로 출발했다. 소피아와 나는 배를 타기 전에 멀미 약을 먹었다. 우리 가족은 배에 탔고 바다 가운데로 나아갔다. 선장은 바다 가운데서 지렁이를 미끼로 만든 **낚시** 줄을 하나씩 주었다. 우리는 그것을 바다에 던졌다. 나는 던지자 마자 낚시 줄에 **입질**이 왔고 **조심스럽게** 줄을 끌어 당겼다. 바다 속에서 작은 빨간 물고기가 이끌려 올라 왔다. 이어서 다른 가족들도 고기를 잡기 시작했다. 소피아는 물고기를 잡을 때마다 **탄성**을 질렀다. 그날 고기를 가장 많이 잡은 사람은 노아였다. 선장은 배 위에서 우리가 그 물고기를 먹을 수 있도록 **회**를 만들어 주셨다. 아쉽게도, 나는 내가 잡은 물고기를 먹을 수가 없었다.

In the morning of the third day, it gradually started to rain. We planned on sea fishing but my mother-in-law, sister-in-law, and brother-in-law's wife were afraid of seasickness, so they headed for an indoor **museum** called the Bonte Museum. The rest of us went to the beach to do sea fishing. Sophia and I took motion sickness pills before boarding the boat. We all got on board and the boat sailed to the deep ocean. When we were out to sea, the captain gave each of us **fishing lines**, which he baited with worms. We tossed the fishing lines into the ocean. As soon as I tossed mine, I got a **bite**, so I **carefully** pulled the line. A tiny red fish appeared as I pulled. Other family members started catching fish too. Whenever Sophia caught a fish, she gave a **shout of excitement**. It was Noah who caught the most fish that day. The captain prepared **sliced raw fish** so that we could eat it right on the boat. Unfortunately, the fish I caught weren't safe to be eaten raw.

오후 늦게, 모든 가족은 송악산 **둘레길**을 걷기 위해 송악산 입구에서 만났다. 이 곳은 송악산 아래로 멋진 해안 **산책로**가 한 시간 이상 조성되어 있는 곳이었다. 송악산 둘레 길을 걸으면서 왼쪽 편으로 끝없는 바다와 다른 **섬**들이 보였고 오른쪽 편으로는 작은 산들을 볼 수 있었다. 바람이 너무 많이 불어서 가는 길목에서 찍은 사진들은 머리가 **흩날려서** 재미있는 모습으로 찍혔다. 나는 제임스와 손을 잡고 걸어 가면서 작은 **산등성이** 위에 풀을 뜯어 먹는 말과 화려하게 들판을 **수놓은** 아름다운 **수국**도 보았다. 하루 종일 무더운 날씨였었지만 그곳은 시원하다 못해 서늘한 기온이 되었다. 해안선을 따라 돌아 오는 차 안에서 보이는 아름다운 바다의 일몰의 **광경**과 **오징어잡이** 배의 환한 불 빛 속에서 나의 시선은 **한참**을 머물고 있었다. 아름다운 섬에서 또 하루 해가 지고 있었다.

In the late afternoon, we all met at the entrance of Mt. Songak in order to walk the Mt.Songak **Dulegil Trail.** Dulegil is an hour-long fantastic **hiking trail** along the beach below Mt.Songak. While walking along the Dulegil Trail, I could see the endless sea and several **islands** on my left and several small mountains on my right. The wind was so strong that the photos we took along the trail turned out to be funny ones with our hair **fluttering** in the wind. As I walked hand-in-hand with James, I saw horses grazing on a small **ridge** and the beautiful **hydrangea** that **filled** the plain. It was scorching hot weather but the place we were at was cool and eventually became chilly. On our way back to the resort along the coast, my eyes were fixed **for a while** on the **view** of a beautiful sunset and the bright lights from **squid fishing boats**. The sun was setting on this beautiful island once again.

� ✕ ✕

Vocabulary:

두꺼운 – thick

곰팡이 – mold

탈수기 – spin dryer

건조기 – (hot-air) dryer

빨래방 – laundromat

모습 – state

제안 – suggest

외식 – eat out

한정식 – Hanjeongsik

궁중 – palace

휴가 – vacation

만족한 – pleased, satisfied

예약 – reservation

거리 – away

충돌 – crash

야자수 – palm tree

자연환경 – environment

휴양섬 – resort island

화산섬 – volcanic island

모래사장 – sandy beach

절경 – breathtaking view

까만 – black

숙소 – accommodation

열렬하게 – enthusiastic

분위기 – vibe

백사장 – sandy beach

만조 – high tide

썰물 – low tide

미술관 – museum

낚시 – fishing

입질 – bite, nibble (in fishing)

조심스럽게 – carefully

탄성 – shout of excitement

회 – sliced raw fish

둘레길 – Dulegil Trail

산책로 – hiking trail

섬 – island

흩날려서 – fluttering

산등성이 – ridge

광경 – view, scenery

한참 – for a while

수국 – hydrangea

오징어잡이 – squid fishing boat

수놓고 – filled

이야기 요약:

올리비아의 대가족은 여름 휴가로 제주도 여행을 떠났었다. 출발하는 과정에서 교통사고 때문에 제주도에 늦게 도착하는 어려움이 있었지만 열 두명의 대가족은 서귀포에 있는 리조트에 도착하게 되었다. 올리비아는 제주도에서 바다 낚시, 송악산 둘레 길 걷기, 그리고 해수욕장에서의 즐거운 시간을 가족들과 보냈다.

Summary of the story:

Olivia's extended family went on a trip to Jeju Island during their summer vacation. Although Olivia's family arrived at Jeju Island late due to a car crash they encountered on the way to the airport, all twelve members of the extended family managed to arrive at their resort in Seogwipo. Olivia spent wonderful moments sea fishing, walking along Mt. SongC ak Dulegil Trail, and relaxing by the beach with her family.

Quiz:

1) 올리비아 가족의 숙소가 있었던 곳은 어디인가요?
   A. 제주 시내   B. 서귀포   C. 우도

1) Where was the accommodation of Olivia's family located?
   A. Within the suburb of Jeju Island

   B. Seogwipo

   C. Udo Island

2) 바다낚시를 하지 않은 사람은 누구인가요?
   A. 올리비아   B. 노아   C. 노아의 할머니

2) Who didn't do sea fishing?
   A. Olivia   B. Noah   C. Noah's grandma

3) 바다낚시를 하지 않은 식구들은 어디로 놀러갔나요?

A. 본태 미술관   B. 한라산   C. 송악산 둘레길

3) What did those who didn't partake in sea fishing do?

A. Go to Bonte Museum

B. Climb Mt.Hanla

C. Walk along Mt.Songak Dulegil Trail

4) 가족이 모두 함께 참여한 여행의 장소는 어디인가요?

A. 바다 낚시   B. 표선 해수욕장   C. 본태 미술관

4) What did everyone do together?

A. Go sea fishing   B. Visit Pyosun Beach   C. Visit Bonte Museum

5) 올리비아가 송악산 둘레길을 걸으면서 본 것은 무엇인가요?

A. 수국   B. 너구리   C. 동상들

5) What did Olivia see as she walked along Mt.Songak Dulegil Trail?

A. Hydrangea   B. Racoons   C. Statues

❈ ❈ ❈

Answers:

1) B   2) A   3) B   4) A

이야기 23. 한라산 국립공원
Story 23. Hallasan National Park

제주도 중앙에 있는 한라산은 국립공원이며 **해발** 1950미터로 남한에서 가장 높은 **화산**이다. 삼백 육십 개의 **기생** 화산이 있고 **용암 분출**에 의해서 만들어 졌다고 한다. 제주도로 놀러간 우리 모든 가족들은 관음사에서 출발하여 한라산 백록담까지 오르기로 계획을 했다. 백록담은 한라산의 **봉우리**에 있는 **화구호**이다. 백록담의 이름은 한라산 정상에 **백록**이 많이 놀았다고 해서 붙여진 것이다. 백록담까지 가는 등산 코스는 두 가지가 있는데, 우리는 관음사 등산로에서 올라 가고, 내려 갈 때는 성판악 탐방로로 가기로 했다.

Mt.Hanla, a national park located in the middle of Jeju Island, is the tallest **volcano** in South Korea at an **altitude** of 1,950 meters. There are more than 360 parasitic volcanoes around Jeju Island that have been formed through **volcanic eruptions**. Our family arrived at Jeju Island and we planned to climb to Baekrokdam Lake from Gwaneumsa Temple . Baekrokdam is a **crater lake** located at the **summit** of Mt.Hanla. It got its name from the fact that a lot of **white deer** used to spend time at the summit of Mt.Hanla. There are two hiking trails, so we decided to go up the mountain by the Gwaneumsa Trail and come down by the SeongpanakTrail.

해발 육 백 미터의 관음사 등산로부터 백록담까지 8.7Km에 이른다. 다섯 시간 정도의 **산행**을 해야 한다고 노아의 삼촌은 말했다. 날이 어두워 지기 전에 산에서 내려 가야 하기 때문에 도착 시간에 **제한**을 둔다고 했다. 아침 여덟 시에 우리는 출발했다. 길고 험한 등산을 위해 나는 마음의 준비를 단단히 하고 있었다. 운동을 좋아하고 건강했기 때문에 나는 문제가 없을 거라고 생각했다.

Gwaneumsa Trail starts at 600 meters above sea level and it's 8.7 kilometers to Baekrokdam. Noah's uncle said that it would take about 5 hours of **hiking** to reach there. There is a time **limit** on when you can begin the hike because everyone needs to get off the mountain before dark. We set off at 8 am. I was mentally prepared for a long and harsh hiking course, but I didn't think it would be a problem since I love doing sports and I was in good condition.

가족 모두는 가벼운 마음으로 산에 올랐고 처음의 시작은 아주 좋았다. 울창한 숲 속을 향해 천천히 걸어 나갔다. 신선한 공기와 그늘이 되어 주는 큰 나무들이 우리를 보호하고 있는 듯 했다. 가는 **길목**에서 **노루**도 만났고 아이들은 예쁘고 순한 노루에게 인사를 했다. 곧 완만한 곳이 끝났고, **암벽** 같은 **계단**이 우리를 기다리고 있었다. 드디어 어려운 코스가 시작되었음을 **직감**한 소피아가 말했다.

My whole family started the hike light-heartedly and everything was really great in the beginning. We slowly walked into the thick forest on the mountain. The fresh air and the shade of the big trees seemed to shelter us. We saw a **roe deer** along the **path** and the children greeted the small and pretty deer. But the gently graded path soon ended and a **staircase** of **rock** waited for us. Sophia said her **gut feeling** told her the real hardship was just beginning.

"엄마, 끝이 보이지 않는 저 계단 끝에는 또 무엇이 있을까요?"

"무엇이든지 끝은 있지 않을까? 소피아 "

나는 소피아에게 이렇게 대답했지만, 그녀가 느꼈던 것처럼 나도 무서웠다. 우리는 끝 없이 **펼쳐진** 계단을 오르고 또 올랐다. 뒤에서 거친 숨 소리가 들려 왔다. 노아의 고모였다. 그러나 노아의 할머니와 할아버지는 씩씩하게 가고 있었다. 그것은 매일 쉬지 않고 운동하는 힘이라고 생각했다. 마침내 **급경사**의 계단을 통과하고 쉬어 갈 **대피소**가 보였다. 첫 대피소에 도착했을 때, 나는 너무 힘들어서 **포기**하고 싶은 마음이 잠깐 들었었다. 하지만, 그곳에서 간식을 먹고나니 다시 새 힘을 얻어서 걸을 수 있었다. 오후 한 시 이전에는 우리가 삼각봉 대피소를 지나 가야만 백록담으로 갈 수가 있었다. 열심히 걸은 **덕분에** 열 두 시에 우리는 삼각봉 대피소를 통과했다. 그 대피소를 지나고 나니 해발 천 미터라고 쓰여진 돌이 보였다. 또한, 우리 눈 앞에 펼쳐진 **환상적인** 풍경으로 나는 입을 다물지 못했다. 어려운 길을 통과하고 나니 하늘이 우리에게 주시는 멋진 선물인가 보다하고 생각했다. 병풍처럼 펼쳐진 바위들 아래의 푸른 초장은 지금까지 보지 못한 경치를 보여 주고 있었다. 험한 여정 속에서 우리가 준비한 간식은 우리에게 힘을 주었다. 삼각봉 봉우리를 보았을 때, 구름이 봉우리에 반쯤 걸쳐 있었다. 그 아름다운 경치를 뒤로 하고 사진 **촬영**을 하고, 다시 오르기 시작했다. 드디어, 해발 천 팔 백 고지를 돌파했다. 그곳에는 큰 나무는 없고 키가 작은 흰색 나무들의 **군락**들이 있었다. 처음 출발했을 때 만난 나무들은 울창하여 그 키가 하늘까지 닿을 듯 했다. 하지만 높은 해발에서의 나무들은 잎이 없었고 흰 색깔을 가졌었다. 더 높은 곳으로 올라 갔을 때는 나무도 없었고 풀과 바위들만 **존재했다.**

"Mom, is there anything beyond these endless stairs?" Sophia asked me.

"Everything has an end. Isn't that right, Sophie?"

Although I replied to Sophie like there was nothing to worry about, I was also feeling scared. We climbed up the stairs that **stretched out** endlessly over and over again. And I heard harsh panting behind me. It was Noah's aunt. But Noah's grandparents were climbing up gallantly. I believe that their strength came from their daily exercise. As we finally passed the **steep** stairway, we saw a **shelter** where we could rest. When we arrived at the first shelter, I briefly wanted to **give up** because I was so exhausted. But after having a snack there, I regained my energy to stand up and continue hiking. We had to pass by the Samgakbong shelter before 1 pm in order to reach Baekrokdam. **Thanks to** our diligence, we managed to pass Samgakbong shelter at 12 pm. As we walked past it, we saw a stone engraved with a sign that said 1,000 meters above sea level. And I was struck speechless by the **fantastic** view laid out before us. I thought to myself that it is perhaps a gift prepared by Mother Nature for successfully climbing up the difficult trail. The green meadows below the rocks spread out like the shape of a Byeongpung folding screen showing us a view of nature I had never seen before. The snacks that we prepared beforehand gave us strength to overcome our rough journey to the summit. When I looked at Samgakbong summit, the clouds were beneath the peak of the mountain. We **took photos** of the beautiful surroundings and then continued our hike. And finally, reached 1,800 meters above sea level. There were no tall trees to be seen, but rather **clusters** of short white trees. The trees that we saw at the beginning were grand to the point they seemed to almost touch the sky. But at the high altitude where we were, the trees didn't have leaves and they were white. When we climbed higher, there were no trees and only grass and rocks **existed.**

출발하고 다섯 시간 후, 우리는 백록담에 도착했다. 나는 어렵지 않을 것이라고 생각했었지만, 한라산의 상징인 백록담을 만나려면 얼마나 많은 **인내**와 **노력**이 필요한지 알게 되었다. 많은 사람들이 그 곳에 도착해서 사진을 찍고 있었다. 우리가 호수로 기대했던 백록담은 물이 마른 상태였고 호수 크기라고는 생각할 수 없었다.

가져 온 점심으로 밥을 먹을 때, 지금까지 먹은 음식 중에서 가장 맛있었다고 생각했다. 우리 가족은 백록담을 뒤로 하고 가족 사진을 찍었다. 높은 정상 위에서 바라 보는 **신비스런** 제주도와 바다의 풍경에 한참을 취해 있다가 오후 두 시 삼십 분에 우리는 백록담에서 성판악 탐방로로 내려 가기 시작했다. 그 코스는 완만했지만 거칠었고 그 길에서 바다를 **훤하게** 볼 수 있었다. 우리는 산을 내려 오면서 토끼와 사슴 같은 야생 동물들을 만날 수 있어서 즐거웠다. 그리고 또 몇 개의 대피소를 지나 갔다. 산 아래에 이르렀을 즈음, 키 큰 나무들과 숲이 보이기 시작했고 **등산로** 입구에 도착하니 오후 다섯 시가 되었다. 총 아홉 시간의 여정에 우리는 피곤했지만 아름다운 절경 속에서 지낸 하루가 꿈만 같았다. 가족은 일주일의 제주도에서 재미있는 일정을 마치고 서울로 돌아 왔다. 가족과 함께 한 이 아름다운 여행은 인생 시간 중에서 특별한 기억으로 남아 있다.

Five hours after our departure, we finally arrived at Baekrokdam. At first, I hadn't thought it would be hard to climb to the summit, but now I realized how much **patience** and **effort** it take to be here, at the symbol of Mt.Hanla. There were already a lot of people at Baekrokdam and they were taking photos. Baekrokdam, which we had expected to be a lake, was dried up and couldn't be considered the size of a lake. We had lunch that we'd prepared beforehand, and I thought it was the most delicious meal I had ever eaten. We took a photo with Baekrokdam as our background. After taking in the **mystical** view of Jeju Island and the surrounding sea from the high summit, we started our climb down from Baekrokdam at 2:30 pm. We took the Seongpanak Trail to get down from the mountain. The trail was gently graded but rugged. But we were able to get a **clearer** view of the sea and enjoyed seeing wild animals such as rabbits and deer. And we passed by several shelters as well. As we reached the bottom of the mountain, a forest of tall trees began to appear. And finally, it was 5pm when we arrived at the entrance of the **hiking trail.** We were exhausted by the journey that lasted a total of nine hours, but spending the day in beautiful scenery was like a dream. After an amazing week on Jeju Island, our family returned to Seoul. This beautiful trip that I had with my family still remains one of the most special moments in my life.

그 해 크리스마스가 되기 일 주일 전에, 우리 가족은 뉴욕의 집으로 다시 돌아 왔다. 전통적인 서울의 한옥집에서 맨하튼의 **도심**의 작은 아파트로 왔다. 한국에서 일 년 간의 시간을 보내고 돌아온 우리 가족은 한국에서 있었던 많은 이야기를 나누곤 했다. 아이들은 **신체적**으로 **정신적**으로 많이 성장 하였고, 나 또한 한국을 체험하며 그 나라를 더 이해하게 된 것 같았다. 그 무엇보다 더, 제임스가 부모님과 함께 한 시간은 그에게 가장 큰 선물로 남아 있었다.

A week before Christmas, our family came back home to New York. We went from a traditional hanok house in Seoul to a small apartment located in **downtown** Manhattan. Our family had spent a year in Korea, and we spoke a lot about our experience there. My children had grown up both **physically** and **mentally** and I got to learn more about Korea as I spent my time there. And above all, our stay in Korea allowed James to spend time with his parents, and he treasures it like a gift.

뉴욕에서 보냈던 겨울은 눈폭풍 때문에 학교와 회사를 가지 못하는 날들이 계속 되어지고 있었다. 하루 종일 내리는 눈을 집 안에서 바라 보면서 보내고 있었다. 나는 봄이 다시 우리에게 오지 않을 것 같다는 생각까지 들곤 했다. 사월에도 눈이 내렸고 오월에도 내렸다. 그러나 봄은 왔고 따뜻한 햇볕이 기분이 좋은 어느 날이었다. 한국에서 전화가 걸려 왔다.제임스의 누나인 소피아의 고모가 **출장**으로 우리를 **방문**하면서 시어머니와 시아버지가 함께 오기로 한다는 소식이었다. 한국에서 돌아올 때, 가족들이 뉴욕을 방문하기를 우리는 바랬기 때문에 이 소식이 무척 기뻤다.

There were days during the winter in New York when our family was not able to go to work or to school due to a blizzard. I would spend the day at home watching the snow falling outside. I even felt sometimes that spring would never come. It snowed in April and even during May. But, spring came back and gave us a warm day. And there was a call from Korea. It was news that Sophia's aunt, together with my parents-in-law, would be able to **visit** us during a **business trip.** After coming back from Korea, we wanted our relatives to visit us in New York, and so we were delighted by the news.

여름이 시작되는 6월의 어느 날, 남편과 나는 한국에서 오는 손님을 위해 공항으로 마중을 나갔다. 제임스는 그의 어머니와 아버지를 다시 만나는 것으로 무척 흥분하고 있었다. 우리가 탄 차가 **복잡한** 시내를 지나 JFK공항에 거의 이르고 있었을 때, 하늘 위를 나는 비행기를 나는 보았다. 그 순간 한국으로 갈 때 탔던 그 비행기 안에서의 그 **설레임**을 나는 느끼고 있었다.

One day in June, as summer began, my husband and I went to the airport to greet our guests from Korea. James was very excited to see his parents once again. As our car was approaching JFK airport after passing through the **congested** downtown, I looked up at an airplane flying in the sky. And at that moment my heart was **fluttering** the way it did when I was on the plane bound for Korea.

Vocabulary:

해발 – above sea level

화산 – volcano

기생 – parasitic

용암 분출 – volcanic eruption

봉우리 – summit

화구호 – crater lake

백록 – white deer

산행 – hiking

제한 – limit

길목 – path

노루 – roe deer

암벽 – rock

계단 – stairs, staircase

직감 – intuition

펼쳐진 – stretch out

급경사 – steep

대피소 – shelter

포기 – give up

덕분에 – thanks to

환상적인 – fantastic

촬영 – take photo

군락 – cluster, colony

존재했다 – existed

인내 – patience

노력 – effort

신비스런 – mystical

훤하게 – clear

등산로 – hiking trail

도심 – downtown

신체적 – physically

정신적 – mentally

출장 – business trip

방문 – visit

복잡한 – congested, crowded

설레임 – fluttering

이야기 요약:

올리비아의 대 가족은 한라산 백록담 등반을 했다. 아홉 시간의 어려운 등반을 잘 마치고 돌아 왔다. 어려운 코스도 있었고 쉬운 코스도 있었다. 또한 일년 간의 한국 생활을 마치고 뉴욕으로 돌아온 후에 다시 한국에서 뉴욕으로 여행 오는 가족들을 만나게 되었다.

Summary of the story:

Olivia's family went on a hike to Baekrokdam Lake on Mt. Hanla. After nine hours of difficult hiking, they came down from the mountain. There was a difficult trail and an easier one. After their one year staying in Korea, they came back to New York and they were able to meet with their relatives who came to visit from Korea.

Quiz:

1) 올리비아와 가족들이 함께 올라 간 산의 이름은 무엇인가요?
   A. 한라산   B. 송악산   C. 지리산

1) What is the name of the mountain where Olivia's family went on a hike?
   A. Mt. Hanla   B. Mt. Songak   C. Mt. Chiri

2) 산을 오르기 위해서 아침에 몇 시에 출발했나요?
   A. 7시   B. 8시   C. 9 시

2) What time in the morning did they start their hiking?
   A. 7 am   B. 8 am   C. 9 am

3) 한라산을 오르면서 본 것이 아닌 것은 무엇인가요?
   A. 사자   B. 노루   C. 흰색의 나무

3) What did they not see as they hiked on Mt. Hanla?
   A. Lions   B. Roe deer   C. White trees

4) 올리비아 가족이 뉴욕으로 돌아 온 계절은 무엇인가요?
   A. 겨울   B. 여름   C. 가을

4) What was the season when Olivia's family arrived in New York?
   A. Winter   B. Summer   C. Autumn

5) 한국에서 올리비아 집으로 방문한 가족은 누구인가요?
   A. 소피아의 삼촌 (제임스의 남동생)

   B. 소피아의 고모 (제임스의 누나)

   C. 소피아의 외숙모 (제임스의 남동생의 아내)

5) Which relative was coming to visit Olivia's family from Korea?
   A. Sophie's uncle (James' younger brother)

   B. Sophie's aunt (James' older sister)

   C. Uncle's wife (Wife of James' younger brother)

❧ ❧ ❧

Answers:

1) A   2) B   3) A   4) A   5) B

Cultural Notes:

병풍: 바람을 막거나 무엇을 가리거나 혹은 장식용으로 방안을 장식하기 위해 치는 물건이다. 한나라 시대 중국에서 발명되었다. 초기에는 그림 위주의 병풍이 만들어졌다가 당나라 때부터 서예를 중심으로 꾸민 병풍이 많이 만들어 졌다.

Byeongpung: It is a decorative folding screen used in ancient times to block the wind, conceal something, or decorate the house. It was invented in China during the Han Dynasty. In the beginning, byeongpung had paintings on them, but from the Tang Dynasty, calligraphy became the most popular design.

Conclusion

You have just completed the 23 short stories in this book. Congratulations!

We hope that the collection of stories you have read will encourage you to continue learning Korean. Reading can be one of the best—and most enjoyable—activities you can do to develop your language skills. Hopefully, you were able to experience that with this book.

If fully used as we have intended, these Korean short stories will have widened your Korean vocabulary and the audio will have allowed you to follow along to the words, exposed you to correct Korean pronunciation, and helped you practice your listening comprehension.

We hope you got a lot out of this book! We'd love to hear what you think. If you have comments, questions, or suggestions about this book, please let us know by sending us an email at support@fluentinkorean.com. This will help us to enhance our books and provide you with better learning resources.

If you need more help with learning Korean, please visit www.fluentinkorean.com.

Cheers and best of luck to you!

Fluent in Korean Team

How to Download the Free Audio Files?

The audio files need to be accessed online. No worries though—it's easy!

On your computer, smartphone, iPhone/iPad, or tablet, simply go to this link:

https://fluentinkorean.com/stories-beginner-audio/

> **Be careful! If you are going to type the URL on your browser, please make sure to enter it completely and exactly. Otherwise, it will lead you to an incorrect web page.**

You should be directed to a web page where you can see the cover of your book.

Below the cover, you will find two "Click here to download the audio" buttons in blue and orange color.

Option 1 (via Google Drive): The blue one will take you to a Google Drive folder. It will allow you to listen to the audio files online or download them from there. Just "Right click" on the track and click "Download." You can also download all the tracks in one click—just look for the "Download all" option.

Option 2 (direct download): The orange button/backup link will allow you to directly download all the files (in .zip format) to your computer.

Note: This is a large file. Do not open it until your browser tells you that it has completed the download successfully (usually a few minutes on a broadband connection, but if your connection is slow it could take longer).

The .zip file will be found in your "Downloads" folder unless you have changed your settings. Extract the .zip file and you will now see all the audio tracks. Save them to your preferred folder or copy them to your other devices. Please play the audio files using a music/Mp3 application.

Did you have any problems downloading the audio? If you did, feel free to send an email to support@fluentinkorean.com. We'll do our best to assist you, but we would greatly appreciate it if you could thoroughly review the instructions first.

Thank you,

Fluent in Korean Team

About Fluent in Korean

FluentinKorean.com believes that Korean can be learned almost painlessly with the help of a learning habit. Through its website and the books and audiobooks that it offers, Korean language learners are treated to high-quality materials that are designed to keep them motivated until they reach their language learning goals. Keep learning Korean and enjoy the learning process with books and audio from Fluent in Korean.

FluentinKorean.com is a website created to help busy learners learn Korean. It is designed to provide a fun and fresh take on learning Korean through:

- Helping you create a daily learning habit that you will stick to until you reach fluency, and
- Making learning Korean as enjoyable as possible for people of all ages.

With the help of awesome content and tried-and-tested language learning methods, Fluent in Korean aims to be the best place on the web to learn Korean.

The website is continuously updated with free resources and useful materials to help you learn Korean. This includes grammar and vocabulary lessons plus culture topics to help you thrive in a Korean-speaking location—perfect not only for those who wish to learn Korean but also for travelers planning to visit Korean-speaking destinations.

For any questions, please email support@fluentinkorean.com.

Your opinion counts!

If you enjoyed this book, please consider leaving a review on Amazon and help other language learners discover it.

Scan the QR code below:

OR

Visit the link below:

https://geni.us/KUF0ia